JN125122

神の島楽園バリ

——文化人類学ケースブック——

Bali, Paradise, Pulau Dewata:
The Valley of Feasts and Tourists in the Indonesian Archipelago.

吉田竹也

人間社

はじめに ——バリが教えてくれること

　私は、これまで40年近くにわたって、インドネシアのバリの宗教や観光を文化人類学——本書では、人類学と略すことにする。詳細はあらためて第2章で述べる——の立場から勉強してきた。この本は、先行研究や私の研究の中から素材を取捨選択し、バリが教えてくれること、私がバリから学んだことを、できるだけポイントを絞りコンパクトに書き記した、いわば「バリ学」入門書である。バリに関心ある読者や、人類学の立場からの具体的な民族誌的研究・地域研究に関心ある読者に、手に取っていただければと思う。

　本書は、拙書『人間・異文化・現代社会の探究——人類文化学ケースブック』（吉田 2018）とペアの関係にある。当該拙書は、人類学をはじめ、哲学、社会学、歴史学、その他、人間とその文化に関わるさまざまな学問領域を総合した「人類文化学」入門書である。これにたいして、本書は、人類学を切り口としてバリという具体例に焦点を絞ってまとめたものであり、当該拙書を総論編、本書を各論編と位置づけることができる。それゆえ、本書の内容の一部は、前者の内容に照らすとよりよくわかるところがある。とくに「文化」や「異文化理解」が何であるかは当該拙書の肝の部分であり、本書の記述の背景をなす重要な点でもあるが、これをあらためて確認しなくても以下の記述は理解されると判断し、本書では触れていない。

　本書では、バリというひとつの社会の歴史や文化を人類学がいかに理解してきたか、その要所をたどり直していく。ある学問のエッセンスを伝える手段として、①その学問のおもな研究領域を紹介するという方法や、②その学問の発展に貢献した重要な研究者の議論展開を紹介するという方法がある。人類学においても、それらのスタイルを採った入門書はある（ex. 綾部（編）1984, 1985, 1988a, 1988b, 2006; 岸上（編）2018; 桑山・綾部（編）2018）。これにたいして、本書は、おおくのすぐれた人類学的研究を産出してきた、バリという研究対象地域に焦点を当てるという第3の方法を

採用する。バリはたくさんの興味深い研究トピックに満ちたフィールドである。そのいくつかを紹介することで、人類学的な知的探究の特徴や、民族誌的研究のエッセンスを読者に伝えたい。これが本書のねらいである。

　以下の章は、おおきく4つのパートに分かれる。第1章〜第3章は導入編であり、第1章で本書の議論構成を示し、第2章で視点となる人類学の特徴を述べ、第3章で前史として楽園観光の成立過程を概観する。第4章以下はバリに関する各論となる。第4章〜第6章は近代史編であり、バリの植民地支配とそこでの近代化について記述する。第7章〜第10章は宗教文化編であり、バリ宗教の実態と変化について記述する。第11章〜第14章は現代観光編であり、第二次世界大戦後の大衆観光時代における楽園観光地バリのあり方について記述する。なお、宗教文化編はおもに1990年代、現代観光編は2000年代〜2010年代に、私がバリ中部のウブド（Ubud）周辺で収集したデータが基盤となっている。

　本書のタイトルに触れておく。「神の島」「楽園」は、第1章で述べるように、バリの特徴を縮約して表すキーワードである。英字タイトルのPulau Dewata は、「神の島」を意味するインドネシア語である。本書は、この「神の島楽園バリ」の歴史・宗教・観光を中心としたトピックをとり上げる。日本語の副題は「文化人類学ケースブック」としたが、英字の副題はあえて変えた。valley には、渓谷と谷間という2つのニュアンスを込めている。本書の記述は、私がウブドを中心にバリ島中南部地域で参与観察し収集したデータにおもにもとづく。この地域は、深い渓谷、水量豊かな河川、この水に育まれる水田とくに棚田を景観的・地理学的特徴とする。valley は、バリ中南部が本書の記述の主要な舞台であることを表している。もうひとつは、イスラーム教徒（以下、ムスリムと呼ぶ）が人口の大半を占めるインドネシアの中にあって、バリだけがヒンドゥー教徒を多数派とする島であり、この宗教的な勢力地図においてバリはいわば谷間に当たる、

という点である。インドネシアは、赤道周辺の東西 5,000km をこえる海域に広がる世界最大の島嶼国である。このヒンドゥーの祭りと観光者に満ち溢れた「渓谷＝谷間」は、世界の中でも特筆すべきユニークな文化と歴史をもっていると、私は考える。

　現地の語彙については、私が聞き取ったバリ人の発音に近いものをカタカナ表記で示している。現在のバリ人の日常会話では、バリ語（バリの中でも地域により微妙に異なる）にインドネシア語（そして英語）の語彙がかなり入っている。バリ語とインドネシア語は、発音や文法において異なる点がある。バリ語では、語の最後にくる "a" は「ア」ではなく「オ」と「ウ」の中間のようなあいまい音になる。たとえば、parisada は、インドネシア語風に読めば「パリサダ」であるが、バリ語風に読めば「パリサド」であり、本書では後者の表記を採用した。一方、agama はインドネシア語由来であるためか、バリ人も「アガマ」と発音する。また、インドネシア語には敬語の体系はなく、文法も比較的シンプルであるが、バリ語には敬語があって複雑である。カストや地位の高い人や年長者にたいしては、敬意の程度によって多数の表現をつかい分ける習慣がある。たとえば、低カストの火葬は ngaben、高カストの火葬は plebon などとなる。本書では、敬語や地域による語の変差にはあまり触れないが、おもなバリ語については「／」を間に挟んで右側に敬意の高い語を書くことにした（吉田 2005: 5-6, 2013b: 7）。

　主要文献は巻末に、著者のアルファベット順に並べた。ただし、入門書という性格に鑑みて、これは最小限にとどめた。本文での文献への言及も最小限にとどめている。より深く学びたい読者においては、主要文献や、拙論に示した文献にさかのぼって確認したり、キーワードをウェブの情報に照らして調べたりしていただければ、幸いである。

*

今回、小高雅彦氏、Mariko Sugimoto 氏、I Wayan Sutama 氏に貴重な写真をご提供いただきました。また、樹林舎（人間社）の折井克比古さんにたいへんお世話になりました。あらためてお礼申し上げます。

本書は、JSPS 科研費 19K12593 および 2021 年度南山大学パッヘ研究奨励金 I-A-2 の助成にもとづく研究成果の一部である。

目次

はじめに　──バリが教えてくれること ················ 2

第1章　喜劇王も憧れた楽園 ················ 9

第2章　異文化と自文化の間で考える ················ 23

第3章　失楽園の再発見から創出へ ················ 33

第4章　古きよきバリの終焉 ················ 47

第5章　バリをバリ化する ················ 57

第6章　終焉の後のはじまり ················ 71

第7章　複雑な村落社会に生きる ················ 83

第8章　神観念・司祭・祈り ················ 95

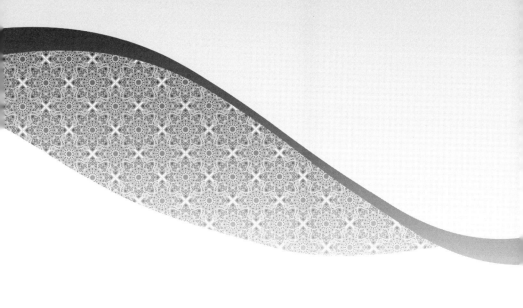

第 9 章　カリヨとバンタン ……………………………… 107

第10章　宗教改革の道程 ………………………………… 123

第11章　大衆観光時代の到来 …………………………… 137

第12章　観光と宗教の複雑な関係 ……………………… 149

第13章　世界の夜明けのたそがれ ……………………… 161

第14章　世界リスク社会下の楽園移住者 ……………… 173

結びにかえて ……………………………………………… 187

主要文献 …………………………………………………… 189

索引 ………………………………………………………… 207

第1章
喜劇王も憧れた楽園

バリ島の概要

　バリは、赤道をすこしこえた南半球に位置し、西のジャワ島、東のロンボック島に挟まれた島である。第二次世界大戦前はオランダ領東インドの1領域であったが、戦後独立したインドネシア共和国に組み込まれ、行政上その1州となった。現在のバリ州の面積は5,636km²、人口はざっと見積もって約400万人である。愛知県の110％ほどの広さに愛知県の55％ほどの人口がいる計算になる。

　この人口のおおくは島の中南部一帯に展開する。「はじめに」では、この地域が渓谷・河川・水田の景観を特徴とすることに触れた。ただし、島の自然は決して一様ではない。東部は

バリの田園風景

バリ島略図

中南部に比べてやや乾燥気味である。バリと東隣のロンボック島の間には、アジアとオーストラリアの特徴を分かつ生物学的境界線（ウォーレス・ライン）がある（吉田禎（編）1992: 9-12; cf. Wallace 1993（1869）: 42-55）。バリ島はアジア側に入るが、島の東部は乾燥したオーストラリア側にやや近い特徴を示すのである。また、島の北部は平地が乏しく、西部とともに人口はすくない。中央部には山が連なり、気温も低いため水稲は育たず、畑作となる。このように、バリの自然は、社会・文化とともに、地域により多様である。

　バリは、おそらく世界でもっともおおくの研究者を受け入れてきた地域のひとつである。さまざまな視点からの記述や文献が1万以上存在しており（Stuart-Fox 1992: 3）、その中に占める人類学的研究の割合も相当高い。バリ研究の質も総じて高いと私は評価している。社会・文化・歴史の幅広い問題をめぐって、地域的変差にも相当程度目配りした密度の濃い議論が蓄積されているのである。その豊富な中身の一端を、本書では紹介していく。

　全体の導入にあたる本章では、本書がとり上げるトピックの概要を見渡しておく。その際、ある有名人のバリ島見聞記を確認することからはじめたい。その人物とは、チャーリー・チャップリンである。

アーティストの見た楽園

　ハリウッドで活躍し「喜劇王」と呼ばれたチャップリン（本名 Charles Spencer Chaplin、1889-1977）は、1931 年から 1 年半かけて世界旅行をした。兄シドニーや付き人の高野虎市とともにスエズ運河から紅海・インド洋に出て、1932 年にバリ島そして日本を訪れた。後年まとめられた『自伝』には「私たちはバリと日本に行くことを強く望んでいた」と記されている。「バリ島行きを勧めたのはシドニーであった。その地が文明からいかに無垢のままであるかを説き、乳房をあらわにした美しい女性たちがいる、ともいうのである」（Chaplin 2003（1964）: 362-363; cf. Vickers 2000（1989）: 192-196）。

　チャップリンは、ラフカディオ・ハーンの本を読み、日本にもおおいに関心を抱いていた。日本では、相撲や歌舞伎を鑑賞し、日本料理を堪能した。その一方で、滞在中に五・一五事件に遭遇し、暗殺されかけた。イギリス生まれではあるが、アメリカ映画で名を馳せたため、退廃的な文化を日本にもたらすアメリカ人の代表として事件の首謀者たちに誤解されたのであった。これも興味深いが、ここでは割愛する。

　以下、当時のバリを欧米人がいかに捉えていたかを示す資料として、チャップリンの『自伝』第 23 章の一部を引用する（なお、『自伝』の原文に照らして訳出している）。

　　　私たちは、美しい壁といかめしい門をもつ屋敷を通り過ぎた。そこには 10 ないし 20 家族が暮らしていた。さらに進めば進むほど、美しい風景があらわれた。銀色の鏡面のように光る緑の棚田が、曲がりくねった川までつづいていた。ふいにシドニーが私をそっと小突いた。道に沿って、腰だけにバティックを巻いた気品ある若い女性たちが行列をなして歩いていた。胸はむき出しであり、頭上に果物を山積みにした籠を載せていた。…

　　　人ごみを縫って進むと、10 歳ほどのふたりの少女が踊っていた。刺繍の施された腰巻をまとい、凝った金のティンセルの頭飾りをつけ

ていた。その飾りは、彼女たちが高い音色とおおきな銅鑼の低音に合わせて複雑に踊るとランプの光の中でキラキラした。悪魔のような音楽に合わせて、少女たちの頭がおおきく揺れ、目がまたたき、指が小刻みに動いた。その音楽は徐々に高まって奔流のようになり、穏やかな川のように静まった。舞踊の終わりはあっけなかった。踊り子たちは不意に動きを止め、群衆の中に入って見えなくなった。拍手もなかった――バリ人たちは決して拍手をしない。愛や感謝の言葉もないのである。

　音楽家で画家のヴァルター・シュピースが訪ねてきてホテルで昼食をともにした。彼はバリに15年も住んでおり、バリ語ができた。また、バリの音楽のいくつかをピアノ向けに編曲していて、それを弾いてくれた。その印象は、バッハのコンチェルトの二倍速演奏といったものであった。バリ人の音楽の趣味はかなり洗練されている、と彼はいった。バリ人は、モダンジャズは退屈で遅すぎるとして却下し、モーツァルトは感傷的だとし、バッハにのみ、そのパターンとリズムがバリ人の音楽に似ているため惹きつけられる、と述べるのだそうである。私には、バリの音楽はよそよそしく無情で、それを聞くと不安な感じがした。深く憂いを含んだ楽節ですら、飢えたミノタウルスの邪悪な欲望を有するように思われた。…

　私たちは、好きなだけ寺院や屋敷に出入りし、闘鶏を観たり、昼夜を通して行われる祭礼や宗教儀礼に参加したりした。ある儀礼には朝の5時までいた。彼らの神は楽しみを愛し、バリ人は畏怖ではなく優しい気持ちをもって神を信仰している。…

　当時のバリは楽園であった。原住民は4カ月水田で働き、残りの8カ月を芸術と文化にささげた。[音楽や舞踊などの]娯楽は島中どこでもただであり、ある村が別の村のために演じたりした。しかし、いまやこの楽園は失われつつある。胸を隠し、楽しみを愛する神を捨てて西洋の神を信じるように、教育が諭しているのである（Chaplin 2003（1964）：363-366）。

　チャップリンは、バリに滞在していたアメリカ人画家ハーシュフェルドや、上記のドイツ人ヴァルター・シュピースらと交流し、彼らの案内でバリの儀礼や舞踊などを直接目にし、シドニーや高野虎市らに頼んでこれを映像に収めた。とりわけバリ文化に造詣の深いシュピースとの出会いは、チャップリンのバリ理解に深い影響を与えたと考えられる。バリでの異文化体験は、その後の彼の映画製作に強いインパクトを与えるものとなった（Chaplin 2003（1964）; https://www.chaplininbali.com/chaplinfootage）。

　さて、加えてもうひとり、チャップリンの訪問に前後して同時期にバリに滞在した、メキシコ人アーティストのミゲル・コヴァルビアス（1904-1957）にも触れておきたい。

　コヴァルビアスは、ニューヨークのマンハッタンで活躍したイラストレーターであり、ハーレムの文化運動にも関わっていた。1930 年に新婚旅行で訪れたバリに魅了され、２度目のバリ訪問を経て、自らの見聞きした情報を『バリ島』にまとめた（Covarrubias 2006（1937））。この本は、バリの人や文化の総体を的確でわかりやすい文章で記述した民族誌（第 2 章）といってよいものであり、洗練された彼のイラストの効果もあってベストセラーとなった（永渕 1998: 150-203）。その本の序論は、次の文章からはじまる。「今日、ほとんどの人がバリについて聞いたことがある。ある者にとって、そこは世界周遊旅行で立ち寄るべき場所のひとつであり、ある者にとって、そこは美しい乳房をもった褐色の女性、ヤシの木、おおきな波打ち、南海の島の楽園を形づくるあらゆるロマンティックな観念に関わるイメージをもたらす場所である。一般に、バリについてはこうした点がよく知られている」（Covarrubias 2006（1937）: 9）。この記述も、チャップリンの場合と同様、当時の欧米人に共有されたバリのイメージを伝えている。

　コヴァルビアスは、バリで嘱託医を務めていたクラウゼが本国ドイツで出版した写真集を見て、この地を訪れたいと考えた（Krause 1988（1920），2018（1922）; Krause & With 1992（1922）; Vickers 2000（1989）: 159-166）。バリではシュピースに出会い、ともに各地の儀礼や舞踊などを観察

した。バリの虜となったコヴァルビアスは、費用を工面して 1933 年にふたたびバリを訪問した。しかし、このとき彼はがっかりする。おおくの観光者を目の当たりにし――ただし、コヴァルビアスは自分も観光者であることを棚上げしているのだが――、町のバリ人女性がブラウスを着るようになり、現金経済が浸透し、若者たちが伝統文化に違和感を抱くようになっていたのである。『バリ島』の序論は、次の言葉で締め括られている。「この本の唯一の目的は、近代の金儲け主義と標準化の情け容赦ない猛攻撃の下で消え去る運命にあるひとつの生きた文化について、科学者でないアーティストの個人的経験から知りえたすべてを、1 冊の本に集約することである」(Covarrubias 2006(1937):12-15)。

欧米人のバリへのまなざし

　チャップリンやコヴァルビアスの記述から、1930 年代当時の欧米人のバリへのまなざしについて、3 つの点を指摘することができる。

　第 1 点は、当時バリが「楽園」と捉えられていたことである（Vickers 2000(1989):1-5; 吉田 2013b, 2020a)。バリ以外にも、楽園とみなされた場所はあった。その代表はタヒチそしてハワイである。フィジーや中米のカリブも楽園とみなされた。この当時の裕福な欧米人は、世界の各地に点在する「地上の楽園」に魅了され、その地を訪れたいと切望した。この「楽園」イメージと、それが近代において欧米の外に向かう観光と結びついていく過程については、第 3 章であらためて記述する。

　第 2 点は、楽園バリがどのような具体的なイメージの束で理解されていたかである。チャップリンの『自伝』からは、棚田の風景、胸をさらした女性、（レゴン・ダンスと思われる）少女の踊り、ガムラン音楽、頭上運搬・唐突な舞踊の終了・拍手や感謝なしといった欧米人にとっての異文化、夜通しの儀礼、神にささげられる舞踊や音楽、芸術文化に勤しむバリ人、といった要素が、「楽園バリ」の特徴的側面として浮かび上がってくる。コヴァルビアスの『バリ島』は、それらを含む宗教文化の具体的諸相を克明に記述したものであった。

　ただ、当時の欧米人とくに男性をバリにいざなったのは、バリの宗教文化よりも胸をさらした女性の姿であった[※1]。クラウゼの写真集は、上半身裸の女性・男性の写真をふんだんに掲載していた。この写真集を見てバリ行きを決めたのは、コヴァルビアスだけではなかった。また、バリに来た観光者の中には、田舎の方にまで足を運び、女性たちの腰布だけをまとった姿や水浴の光景を写真に収めようとする者もいた。いまなら確実に犯罪となる、こうした欧米人観光者の性的好奇心に駆られた行為や、上半身裸のバリ人女性の写真をつかった絵葉書の売買に、バリ人の教育者やエリートたちは憤慨していた（Hitchcock & Putra 2007: 17; Putra 2011: 82）。観光者は、バリ人を「未開人」でありながらもすぐれた芸術を育んだユニークな存在とみなしたが、むしろ「未開」で「野蛮」だったのは彼ら欧米人観光者の方であったといわざるをえない。この倒錯や、そこに潜む欧米人の自文化中心主義（第2章）を、ここで確認しておきたい。

　第3点は、この楽園バリが近代化の中で滅びつつあると捉えられたことである。美しい田園とうっそうとした熱帯の森、「未開」的要素を残す独特の文化、おおくの供物と洗練された芸術に彩られた宗教儀礼に満ちた楽園バリは、いままさに失われようとしている、というのである。これは「最後の楽園」（Last Paradise）、「失われた楽園」（Paradise Lost）といったお決まりの文言が端的に示していた（Powell 1982（1930）; Vickers 2000（1989）: 158）。だからバリに行くならいましかない、というわけである。

　しかし、楽園喪失の哀愁の美学や、いわゆる「古きよきバリ」への懐古趣味は、何も1930年代にはじまったわけではない。そこから20年以上さかのぼった1908年に、「古きよきバリ」は滅んでいたのである。この年、オランダはバリ全土を植民地支配下に組み込むべく軍を派遣した。バリの古典国家（negara）はこの戦いで打ち倒され、全島的な植民地支配体制が

※1　バリだけが特殊だったわけではないことを付言しておきたい。当時の日本においても、女性は胸をさらすことに現在のような羞恥心がなかったと考えられる。1950年代になっても、腰布一枚（上半身裸体）の海女の姿を写真に撮ろうと、カメラマンが押し寄せる地域はあったのである（井上1997）。

はじまることになる。バウムの『バリ島物語』は、この古典国家の終焉までの経緯を鮮やかに描いた小説である（Baum 1997（1937））。

　このように、観光者が来るより前の時点で、彼らの憧れた「古きよきバリ」はすでに失われていたといえる。バリに関心をもつ人々はそのことを知っていたが、なおかろうじて維持されていると期待される伝統的な楽園バリの姿を目に焼き付けておこうと、この島を訪れたのである。もっとも、観光者が欧米から遠路はるばる安全にまた安心してバリまでたどり着けたのは、もはやバリが伝統的な社会そのものではなかったからである。バリの古典国家が滅んでオランダの植民地体制がはじまり、この島に近代西欧の諸制度が導入され、バリとその外部とを結ぶ定期船が就航した。欧米人が、港から車で移動し、ホテルに宿泊し、西洋式の食事をし、写真や映像を撮り、バリの現状を自身の目で確認できたこと自体、この島に一定程度の近代化が浸透していたことの証左である。だが、彼らは、このことを直視しようとせず、ノスタルジックに在りし日のバリをもとめ、近い将来のさらなる滅びの姿に思いを馳せたのである。

　チャップリンやコヴァルビアスをはじめとする欧米人は、ノスタルジーという色眼鏡をかけて（Davis 1990（1979））、異文化としてのバリを見ようとしていた。以下の章では、このような欧米人のバリ理解の偏向を踏まえながら、バリの歴史・文化・観光について記述していく。入門書という本書の性格に鑑みて、網羅的な記述は避け、一部の具体的な局面に焦点を絞ってとり上げることにしたい。「はじめに」で触れたように、その記述は第4章以下で行う。以下、第4章〜第6章の近代史編、第7章〜第10章の宗教文化編、第11章〜第14章の現代観光編の、おおまかな内容にあらかじめ触れておきたい。

植民地支配と近代化の歴史

　19世紀後半に、バリの北西部の2王国はオランダの直接支配下に入った。これがバリにおける植民地支配のはじまりであり、先述のように20世紀初めには全島が植民地支配下に入った。それ以降、行政体系の構築、

司法制度や近代教育の導入、税制や現金経済の浸透、物流の基盤となる道路整備など、政治・経済・教育・社会・文化のさまざまな局面におよぶ近代化がバリで進んだ（永渕 1998, 2007; Schulte Nordholt 1996）。第4章では、この全島支配にいたるまでの経緯を記述する。

　なお、コヴァルビアスはたった3年でバリが急速に変わったことに驚き失望していたが、オランダ領東インドの他地域と異なり、バリではプランテーションはさほど浸透せず、宣教師によるキリスト教布教活動もあまりなかった。チャップリンのいう「西洋の神」の浸透は、実はきわめて限定的だったのである。人口のおおくを抱える中南部地域においては、水田稲作を中核とした生業、村落組織、宗教生活など、地域社会における生活の枠組みは基本的に維持された。この点で、チャップリンやコヴァルビアスは、バリにおいて進む西洋化・近代化を過大評価していたといえる。それは、彼らが「古きよきバリ」に憧れるノスタルジックな心情をもっていたからでもある。

　他方で、当時のバリに赴任したオランダ人植民地行政官は、バリ人の伝統文化とくに宗教は植民地支配の中でも基本的に変わっていないと捉えていた。しかし、この認識は、逆に、植民地時代に進む近代化を過小評価し、宗教文化の持続を楽観視したものであった。この時代、村落組織、カスト（Kasta）体制、宗教や文化のある部分は確実に変化した。注目されるのは、オランダ人がバリの「バリ化」（Baliseering）と呼んだ、バリ文化を存続・強化させようとする文化政策である（Howe 2005: 18）。オランダ主導でバリの伝統文化が存続・強化させられた点自体、ひとつの変化にほかならない。このように、植民地体制下において社会や文化の何が変わり、何が変わらなかったかをよく整理する必要がある。とともに、植民地行政官や観光者そして人類学者たちが、いかに当時のバリを自らの色眼鏡で見ていたのか、そしてそれが現実のバリのあり方にいかに影響したのかを、確認する必要もある。それは、いまのわれわれが色眼鏡をかけて異文化を見ていないのかを反省する作業へとつなげるべきものでもある。第5章では、こうした視点から、植民地体制下の社会・宗教・文化の再形成について記

述する。

　植民地時代の近代化の一環として導入され、現代にいたるバリの社会・経済のあり方を規定しているのが観光である。第6章では、シュピースら欧米人とバリ人との交差の中で進んだ芸術文化の活性化に注目しながら、第二次世界大戦前までのバリの観光化について整理する。

神の島の宗教文化

　チャップリンやコヴァルビアスにかぎらず、バリを訪れる観光者、バリの統治に関わるオランダ植民地行政官、当時バリを調査していた人類学者らは、バリ人の社会生活全体が宗教を基軸に回転しており、この宗教がさまざまな儀礼活動から成り立っている、そしてその儀礼が西洋のものとは異なる洗練された音楽・舞踊・演劇に満ち溢れている、という理解を共有していた。

　このバリ人の宗教はヒンドゥー（Hindu）である。当時の欧米人はインドのヒンドゥーとは異なる独得かつ豊かな宗教文化こそ、楽園バリの根幹にあるものである、と認識していた。欧米人が着目したバリの音楽・舞踊・演劇は、果物・米・動物の肉などで構成される物質的な供物とともに、人間の身体活動という非物質的要素で構成された神へのささげものであり、バリの宗教儀礼になくてはならないものであった（河野・中村（編）1994; Ramseyer 1986（1977）；吉田禎（編）1992）。

　楽園バリをその宗教文化に着目して捉える見方は現在まで持続している。たとえば、ウェブで「バリ島」と入力して画像を検索すると、青い海とサンゴ礁や白い砂浜のビーチに立つコテージや、夕暮れのヤシの木に囲まれた白いリゾートホテルとともに、観光スポットともなっている有名なバリのヒンドゥー寺院の写真が目に飛び込んでくる。第3章で触れるように、青い海、白い砂浜、熱帯の強い光、鮮やかな花々などは、ハワイやタヒチそして沖縄を含め、世界各地の「楽園観光地」――楽園イメージにもとづき造成される観光地をこう呼ぼう――に共通のイメージ構成要素である。加えて、「楽園バリ」のイメージには宗教文化が不可欠の要素として組み

込まれている。書籍や観光ガイドブック
の記述や写真を見ても、バリの宗教文化
が「楽園バリ」を観光者にアピールする
重要な要素であることがわかる。

　海外から来る観光者ばかりではない。
今日のバリ人やインドネシア人も、神や
魔が彫られた石造りの寺院、色とりどり
の供物、（半裸ではなく）正装をまとい祈
る人々、奉納舞踊などの宗教文化の諸局
面に、バリの特徴を見るのである。イン
ドネシアでは、バリにたいする定番のキ
ャッチフレーズがある。「プロウ・デワタ」
(Pulau Dewata) つまり「神の島」である。
そもそも、「バリ」(Bali) はサンスクリッ

ガイドブック『地球の歩き方
バリ島 2020 〜 2021 年版』扉

トでいけにえや儀礼を意味する語（bali, wali）に由来するという説がある。
バリという島自体が神へのささげものなのである。「神の島」は、バリ人
やインドネシア人にとっても、外国人にとっても、バリの最大の特徴をあ
らわすキーワードであるといえる。

　チャップリンの時代も現在も、バリ人の大半はヒンドゥー教徒である。
インドネシアの人口の９割弱はムスリム、１割弱はキリスト教徒であり、
ヒンドゥー教徒はわずか２％弱にとどまる（https://www.mofa.go.jp/mofaj/
area/indonesia/data.html）。しかし、イスラームが浸透し、西洋人がキリスト
教を布教する以前、スマトラやジャワといったインドネシアの中心地域
では、ヒンドゥーや仏教を基盤とした国（シュリーヴィジャヤ、古マタラム、
シャイレンドラ朝、マジャパイトなど）が栄えていた（Koentjaraningrat (ed.)
1980 (1971) : 45-50, 341-363; Legge 1984 (1980)）。現在、それらの地域
ではムスリムが住民の大半を占めているが、バリの宗教文化は、これらの
地域にかつて存在していたヒンドゥーの宗教文化の何がしかを、いまに伝
えるものであると考えることはできる。

もっとも、現在のバリの宗教文化は、その周辺地域にかつてあったヒンドゥー文化をそのまま残したものではない。地域による差異は当然あったのであり、バリの宗教文化も歴史の中で変化していると考えるべきである。これに関連して、ひとつ指摘しておきたい点がある。上で、1930年代の欧米人が、バリはインドと異なる独得のヒンドゥー文化を育んだと理解していたことに触れた。しかし、この理解は現在妥当なものとはいえない。20世紀半ば以降のバリのヒンドゥーは、インドのヒンドゥー（そしてインドネシアのイスラーム）を参照した宗教改革運動により再構築されたといえるからである。その要の部分は、ヒンドゥーを一神教へと組み換えることにあった。したがって、バリのヒンドゥーを多神教と考えることも、現在では誤りといってよい。

　第7章以下では、「神の島バリ」の宗教文化のいくつかの特徴的側面をとり上げる。バリ人の価値観や生き方の特徴を知る上では、彼らの宗教観や宗教活動に目を向けることが大切である。ただし、その場合、第4章・第5章で触れる植民地支配による介入や変化に留意する必要はある。第7章では、植民地時代の欧米人が注目した、宗教共同体としての村落や地域社会の特徴について記述する。第8章および第9章では、神観念や司祭、供物と儀礼など、宗教活動の具体的な内容を記述する。儀礼や供物の基本的なあり方は、植民地時代から現在までさほど変化がないと考えてよいが、神観念や、儀礼と無関係に行われる祈りの浸透など、宗教改革を受けて変化したり新たに付加されたりしたところもある。第10章では、植民地時代における宗教改革に向けた萌芽的運動が、第二次世界大戦後に成立したインドネシア共和国の宗教政策の枠組みにおいて展開されていった過程について記述する。

レゴン・ダンス（1930年代）
(http://hdl.handle.net/1887.1/item:846999)

　なお、本書では、バリの芸能・芸術を紹介することは断念する。関心のある読者は、先行研究を参照していただきたい（ex. 松本 2011; 皆川（編）2010; 野澤 2015; 梅田 2020; 吉田ゆ 2016a; Zoete & Spies 1938）。また、闘鶏やシンボリズムなども興味深いトピックではあるが、本書では言及を省略することにした（河野・中村（編）1994; 吉田 1998, 2005; 吉田禎（編）1992）。

楽園観光地バリの現在

　第3章では世界に広まる楽園観光の概要を記述し、第6章では植民地時代におけるバリの楽園観光地化について記述するが、第11章からは、戦後のバリにおける観光とそれに関連する社会・文化の局面について記述していく。

　20世紀前半の植民地時代における観光化は、バリの一部地域に限定され、規模としてもちいさなものであった。これにたいして、第二次世界大戦後の大衆観光時代におけるバリの観光化は、全島的な開発を伴うものとなり、この島の社会や宗教文化そして環境に多大な影響を与えるものとなった。また、この20世紀後半以降の観光化は、第10章で記述する宗教改革とも連関するところがあった。

　第11章では、戦後のバリ観光の再生とさらなる楽園観光地化の過程について記述する。第12章では、この戦後の観光化と宗教文化との関係を整理する。植民地時代にバリを訪れた欧米人は、近代化によってバリの伝統的な宗教文化はやがて滅ぶと思っていたが、大衆観光時代のさらなるバリの観光地化は、宗教文化の活性化を導いたといえる。第13章では、21世紀初めのバリ島クタでの爆弾テロ事件をはじめとする一連の出来事によって、バリ観光が一転して窮地に陥り、観光のリスク[※2]が顕在化する状況について記述する。第14章では、こうしたリスクを抱えた観光地バリに生きる外国人移住者について、ウブドの日本人に焦点を当てて記述し、「世界リスク社会」の中にある楽園バリに生きることについて考えたい。そして最後に「結びにかえて」で簡単に全体を総括し、まとめる。

※2 ここでは、「リスク」を「危機」の潜性状態であると捉えておく。ただし、「リスクをとる」という表現があるように、リスクは未来のマイナス面ばかりでなくプラス面の可能性も含意する。リスクの認知のあり方は主体によって異なる。リスクは、突き詰めれば解釈の問題である。たとえば居住地の近くに立地する原発の建設や稼働など、ある事態をリスキーなものと捉えるかどうかは、当事者のもつ文化や価値観によって異なり、時代によっても変化する。また、リスクは、いくら計算し予測してもそれは決して確実ではないという、ある種の確信や信念をも含意する。リスクは、いわば不確実性を確実とみなす認識に支えられた概念である（吉田 2020a: 30, 109-116; cf. 東・市野澤・木村・飯田（編）2014）。

第2章
異文化と自文化の間で考える

　本章では、人類学（文化人類学）がいかなる特徴をもつ学問なのかについて確認しておく。まずは、この学問の名称について整理することからはじめよう。

学問の名称について
　人類学（anthropology）は、言葉の通り、人間を研究する学問である。人類学は文系・理系にまたがって存在する。理系つまり自然科学の立場から、骨や遺伝子あるいは類人猿との比較など、生物としての人間を研究するのが「自然人類学」（physical anthropology）であり、文系つまり人文・社会科学の立場から、人間集団とその文化・社会・歴史・習慣などを研究するのが「文化人類学」（cultural anthropology）や「社会人類学」（social anthropology）である。ほかに、哲学における「人間学」も英語はanthropologyであるが、本書でいう「人類学」と深く交わる関係にはないので、言及は省略する。一般に、「人類学」は自然人類学を指すこともあれば文化人類学や社会人類学を指すこともある。ただ、本書は文化人類学の立場からバリについて記述するので、以下ではこの文化人類学を「人類

学」と略すことにする。

　文化人類学と社会人類学、そして「民族学」(ethnology)——民族は、文化を基準とした人間集団の単位である（吉田 2000c, 2018: 44）——は、基本的におなじ学問と考えてよい。おなじ学問なのに名称が異なるのは、19 世紀に成立した民族学という学問が、20 世紀になると、大陸ヨーロッパでは民族学のままで、イギリスでは社会人類学という名称で、アメリカでは文化人類学という名称で、それぞれ発展していったからである。また、近年、欧米では socio-cultural anthropology という名称もよくつかわれる。ただ、現在の日本では、またおおくの国でも、「文化人類学」およびその略称としての「人類学」がつかわれることがおおい。

　では、この人類学はどのような学問なのか。私は、その特徴が、①総合的学問への志向、②フィールドワークによるデータ収集とこれにもとづく民族誌の記述、③異文化やマイノリティへの関心とこれにもとづく自文化中心主義批判の姿勢、の 3 つにあると考える。以下、それぞれについて説明する。

人間の総合的研究

　人類学の第 1 の特徴は、総合的な学問を志向する点にある。ただ、総合的な学問といっても、読者にはあまりピンと来ないのではないかと推察する。そこで、例を挙げて説明したい。それは、コナン・ドイルの推理小説に登場する、シャーロック・ホームズの兄マイクロフトの人物設定である。『最後の挨拶』所収の「ブルース・パーティントン設計書の冒険」で、ホームズは、相棒のワトスンに兄の仕事を次のように説明する。マイクロフトは、政府の要人として独特のポジションを占めている。他の人々は、それぞれの得意分野を担う専門家である。しかし、マイクロフトはすべての分野に通じているという特異な専門家である。たとえば、海軍、インド、カナダ、金銀複本位制（金と銀を本位貨幣とする制度）を包含する問題について情報が必要だとすると、それぞれの省庁から別々に助言をもらうこともできるが、マイクロフトひとりでそれらの諸要因の相互の影響関係を即

座に述べることができる、と。日本語訳ではニュアンスがうまく伝わらないので、ポイント部分の原文を記しておく。"All other men are specialists, but his specialism is omniscience."（Doyle 2005b（1908）: 1302）。

　これを学問分野に移して考えてみよう。経済を専門に扱うのが経済学であり、政治を専門に扱うのが政治学であり、宗教を専門に扱うのが宗教学であり、観光を専門に扱うのが観光学である。経済と政治を扱う政治経済学や、巡礼など宗教と観光の関係を扱う宗教観光学もある。しかし、経済と政治と宗教と観光その他、さまざまな点を総合的に勘案して、はじめてある出来事や事実を解明できる、という場合もある。人類学は、こうしたアプローチを得意とするのである。

　たとえば、中米のある地方に生きる農民の家族が徒歩でアメリカ合衆国への移住を決行する、という事例について考えてみよう。その場合、①アメリカ政府の移民政策、②グローバルな経済の動向、③中米で農業に生きる人々の経済的苦境、つまりローカルな社会経済状況、④彼らのライフスタイル、⑤家族の紐帯、⑥彼らが重視する宗教的価値観、⑦移住という意思決定に影響を与えた諸要因（たとえば、スマートフォンで得たネット情報、移住して成功した親族の現状、彼らの生活圏を訪れる豊かなアメリカ人観光者の姿など）、が考慮すべきおもな論点となりうる。これらを総合し、彼らの人生最大の賭けを、グローバルとローカル合わせた視角から考察すれば、人類学らしい研究となる。人類学は、諸学問分野にわたる知識や視点を総合的に動員し、人間とその文化や社会を捉えようとする omniscience である。私は、複雑な現代社会に生きる人間について考究する上で、こうした総合的科学は重要な視点を提供すると考える。

　なお、この総合的な学問という点は人類学の専売特許ではない。社会学、歴史学、地理学、島嶼学などもそうした特徴をもっている。したがって、総合的学問というこの点について、それらの学問の間にそれほど違いがあるわけではない。また、当然ながら、個々の人類学者は、フィクションの中のマイクロフトのような万能プレーヤーではなく、それぞれ一定の研究分野や地域や時代を得意としている。人類学・社会学・歴史学など

人類学（文化人類学）のおもな下位分野			
医療人類学	映像人類学	エスニシティ論	開発人類学
科学の人類学	環境人類学	観光人類学	教育人類学
経営人類学	経済人類学	言語人類学	公共人類学
災害の人類学	資源人類学	宗教人類学	親族・家族論
心理人類学	政治人類学	生態人類学	都市人類学
認識人類学	フェミニスト人類学	法人類学	歴史人類学

　それぞれの中でも、ある地域や時代に焦点を当てる研究もあれば、複数の異なる地域や時代にまたがる主題に取り組む研究もあって、さまざまである。ただ、たとえば、バリ人の宗教や親族を考察する上で、西欧のプロテスタンティズムやアフリカの牛牧畜民に関する研究は重要な参照点になる（Geertz 1987（1973）: 291-324; Geertz & Geertz 1989（1975）; cf. Evans-Pritchard 1978（1940）, Weber 1989（1920））。人類学では、異なる分野・地域・時代を研究する者同士の間に活発な意見交換や学術的対話が成り立つ。それは、人類学者に総合的学問への志向が共有されているからである。

　人類学は、あらゆる時代・地域の人間集団を研究対象とする。また、研究分野も多岐にわたり、今後も新たな下位分野が生まれると考えられる（江渕（編）2000: 6-18; 井出・砂川・山口 2019; 春日・竹沢（編）2021; 桑山・綾部（編）2018; 大森（編）1987; 渡辺（編）1982; 山下（編）2005; 山下・福島（編）2006）。私自身は、人類学の立場から、バリと沖縄を中心に、現代の観光と宗教についておもに研究してきた（吉田 2020b）。それぞれの人類学者の研究は実に多様であり幅があるが、そうした諸研究がたがいに交差し合い相互に批判し合う中に、人類学という学問が存在していることは確かである（吉田 2000b, 2001）。

フィールドワークと民族誌

　人類学の第2の特徴は、フィールドワーク（現地調査）を行って自分でデータを収集し、それを他の研究者のデータや先行研究と組み合わせて議論を組み立てるという点にある。簡単にいえば、現場第一主義である。人

類学者は、比較的長期にわたって対象社会の人々の具体的な生活実践の中に身を置いて見聞きし——これを「参与観察」という——、おもに対面インタビューの方法で地道にデータを収集する。こうしたデータにもとづいて社会・文化の特徴を克明に記述した研究を「民族誌」(ethnography) と呼ぶ。フィールドワークにもとづく民族誌は、理論研究を含むさまざまな人類学的研究の基盤である（中尾・杉下（編）2020；日本文化人類学会（監修）2011；須藤（編）1996；床呂（編）2015；吉田 2003）。

　クリフォード・ギアツは、人類学者の実践は「民族誌する」(do ethnography) ことにあり、民族誌が何かを知ることが人類学を知る出発点になると述べる。そして民族誌の特徴を「厚い記述」(thick description) つまり詳細な記述にあるとする (Geertz 1987 (1973)：7-8)。本書は、あまり詳細な記述とはいえないが、バリに特化した民族誌として人類学を知る出発点たらんとするものである。

　民族誌の基本的な表現媒体は文章であるが、写真や映像をおもな表現媒体とするものもある。1930 年代のバリ人の心理や行動の特徴を写真にもとづき分析したベイトソンとミードの民族誌はその先駆であり、近年では、松尾らが広島平和記念公園の 8 月 6 日を文章と映像作品を組み合わせた民族誌として公開している (Bateson & Mead 2001 (1942)；松尾・根本・小倉（編）2018）。

　ちなみに、先に第 1 の特徴で触れた例に戻ると、現場で集めたデータをもとに議論を組み立てる点は、マイクロフトと対比されるシャーロック・ホームズの特徴に重なる。『シャーロック・ホームズの思い出』所収の「ギリシア語通訳」で、ホームズはワトスンに、探偵の仕事が安楽椅子に座って推理するだけで完結するなら、マイクロフトは史上もっともすぐれた犯罪調査家であろう、と語る (Doyle 2005a (1893)：638-639)。しかし、探偵は、安楽椅子から立ち上がって自ら行動し、現場やその周辺で、またときには警察署や図書館などで、推理の素材となるデータを自ら集めなくてはならない。自分以上の推理力をもちながら、兄マイクロフトの行動力はゼロに等しく、だから探偵には向いていない、というわけである。

現場で得たデータを推理に生かすホームズの手法は、フィールドワークで独自のデータを集めて研究に生かす人類学の方法論に通じる。ただし、やはりフィクションとは異なり、人類学者のフィールドワークは完璧ではなく、収集しうるデータの範囲には自ずと限界がある。したがって、別の研究者によるデータ・民族誌・論文などの先行研究を有効活用して、はじめてすぐれた民族誌や論文を書くことができる（吉田 2003）。たとえば、中米の農民家族のアメリカへの移住という先の事例であれば、人類学者は、この家族がもといたホームグラウンドでの生活や出発後の移動の過程を参与観察しつつ、彼らにインタビューするであろうが、アメリカ合衆国の政府高官に移民政策についてインタビューすることまではしないであろう。人類学者は、研究対象となる人々が実際に生活している具体的な現場で、マクロでグローバルな次元よりもミクロでローカル（またはグローカル）な次元に焦点を当てて調査を行い、データを収集しようとする。人類学者の視線は、基本的にトップダウンではなくボトムアップなものである。

異文化理解と自文化中心主義批判
　人間をミクロかつボトムアップの視点から捉えようとするならば、研究対象の人々の価値観（ものの見方、考え方）や生き方に即して彼らの社会や文化の特徴を理解しようとする必要がある。この点は、マックス・ヴェーバーの「理解社会学」を参照したギアツが「解釈人類学」として定式化している（Geertz 1987（1973）; Weber 1990（1922/1913））。フィールドワークにおいても民族誌の記述においても、人々の価値観を理解＝解釈することが重要なのである（大村・湖中（編）2020: 225-228; 吉田 2018）。
　現代社会では、欧米に発する価値観がグローバルに流通しているが、各地にはそれぞれのローカルで固有な価値観も存在する。欧米の価値観も、本来は西洋・北米のローカルなものである。しかし、これが近代以降の世界の一体化や植民地支配の浸透の中で、世界各地に広まってグローバル・スタンダードになっていった（Giddens 1993（1990）; 厚東 2011; 水島 2010）。ただし、それはかならずしも普遍的に妥当なものであるとはかぎ

らない。このグローバルに浸透した価値観と各地のローカルな価値観、あるいは、あるローカルな価値観と別のローカルな価値観とは、ときに相反するものとなる。たとえば、性や家族に関する多様な価値観を尊重しLGBTQら性的マイノリティの生き方にも配慮すべきという考え方は、欧米から発信されグローバルに浸透しつつあるが、これに否定的な立場の人々は欧米にも存在する。日本では、人間と類人猿は進化の過程で分岐したというのが常識となっているが、キリスト教やイスラーム教の熱心な信者の中には、この生物進化論を否定し神が人間を創造したと断じる人々もいる。研究対象となる人々がもつ価値観や常識は、研究する側がもつ価値観や常識とかならずしも一致しない。科学が唯一正しい知識であるという考え方は、近代以降に世界に広まったひとつの価値観にすぎない。ラトゥールは、現代の科学研究の現場をフィールドワークし、その知識や実践に内在するローカルといってよい慣習や価値観を明らかにした（久保 2019; Latour 1999（1987）, 2007（1999））。

　人類学では、研究者側は正しい考え方をもっている、などとは決して前提しない。主体の差異を抜きにして、普遍的に「正しい」価値観や「間違った」価値観があると考えることはできない、単にそれぞれ特定のローカル／グローバルな価値観つまり文化をもって生きる多種多様な人間集団からこの世界が成り立っており、人類学者や人類学的思考もその中のひとつである、と考えるのである。科学を普遍的に正しい真理の探究にあると信じる素朴な科学者は、彼ら自身がもつ価値観を信じるひとつの集団にすぎない。かなりラディカルな考え方にみえるかもしれないが、人類学・哲学・社会学の基本的な立場はこうしたものである。自分の価値観（自文化）とは異なる価値観（異文化）が世界には無数にある。この異文化に関心をもって真摯に向かい合い、これを何とか理解しようとする、これが人類学の要にある態度である。この異文化理解への志向が、人類学の第3の特徴である[3]。

　人類学者は、自身のもつ価値観から距離があると思われるマイノリティ（少数民族や自社会の少数派集団）を好んで研究対象にしようとする。マ

ジョリティの価値観はグローバルに流通しやすいが、マイノリティの価値観はローカルな生活圏の中にとどまる傾向がある。それゆえ、マイノリティが自らグローバルに連携し合うことも難しい（長谷川・浜・藤村・町村 2019: 466）。人類学者は、マイノリティの社会や文化に注目し、ときに彼らの連携をサポートしようとする（小國・亀井・飯嶋（編）2011）。

　上で、人類学者が参与観察とインタビュー調査を行うと述べた。アンケート調査は、あらかじめ質問項目を定めて効率的にデータを収集するための方法である。しかし、遠く離れた国のマイノリティを調査対象とする場合、その人々がどのような独自の文化をもち、自他の価値観の間にどのような差異があるのかは、調査の前にはわからないことがすくなくない。そもそも現地の言語体系を知る必要もある。そこで、人類学では、すくなくともはじめからアンケート調査を実施することはない。掘り下げて調査すべきポイントが何かは、調査をしてはじめてわかってくる、と考えるのである。人類学的調査は、当初の予想を覆す発見をフィールドワークで経験し知見を更新していくという、スリリングではあるがかなり苦しい営みからなる。

　19世紀に民族学という学問が西洋において成立した際、民族学つまり人類学は、世界の辺境の地に生きる少数民族とその伝統文化、とりわけ西洋とは異なる、ときに奇怪とも受け取れる独特の異文化に関心を向けていた。こうした傾向は20世紀のある時期まで人類学の特徴として持続した。しかし、20世紀後半になると、世界の辺境の地に孤立して生きる少数民族、彼らが守り伝えてきた固有の伝統文化、といったかつての人類学がもっていた視点は疑わしい、と考えるようになった。彼らの社会や文化にも歴史があり、変化があり、外部社会の影響があったことがわかってきたのである。20世紀半ばまでの人類学者は、そうした歴史や変化や外部からの影響があった（はずである）にもかかわらず、彼らの「伝統文化」を孤立し

※3　フーコーは、科学の前提を根本から考察しようとするもうひとつの科学を「反科学」と呼んだ。人類学は、マイノリティの異文化を理解することを基盤とする反科学のひとつである（Foucault 1974（1966）: 395-409; 吉田 2013b, 2018: 32-38）。

た歴史なき不変のものと考えていた（吉田 2001）。当時の人類学には、人類学を生んだ近代西洋の偏見——自らをもっとも進歩した人間の頂点に位置づけ、世界の辺境の地に生きる少数民族や「未開人」を下位に位置づける、西洋の「自文化中心主義」（ethno-centrism）——が滑り込んでいたのであり、人類学はこの自文化中心主義を自己批判しながら展開していったのである。

　ただ、今日の人類学に、未来の人類学からみれば、何らかの自文化中心主義が潜んでいる可能性もある（cf. 吉田 2018: 17-18）。人類学は異文化理解を志向するが、それは、人類学という自文化に潜んでいるかもしれない自文化中心主義にたいするおわりない自己反省のまなざしとセットなのである。柄谷は、それを「超越論的」な立場として整理している（柄谷 1989: 190-198）。

おわりに

　本章では、人類学の特徴を、①総合的学問への志向、②フィールドワークによるデータ収集と、これにもとづく民族誌の記述、③異文化やマイノリティへの関心と、これにもとづく自文化中心主義批判の姿勢、の３つの点にまとめた。人類学がどのような学問なのかをより深く知りたい読者は、入門書や教科書に相当するものがいくつもあるので、それらを参照していただきたい（ex. 綾部（編）2006; 岸上（編）2018; 桑山・綾部（編）2018; 前川他 2018; 大村・湖中（編）2020; 竹沢 2007）。

第3章 失楽園の再発見から創出へ

本章では、「楽園」と形容される観光地、すなわち「楽園観光地」の成立過程とその特徴について整理し（吉田 2013b: 113-153, 2020a: 127-145）、バリの各論に入る備えとしておきたい。

地上の楽園を描いた壁掛け（南山大学カトリック文庫所蔵）

楽園観光地は、楽園（paradise）のイメージを体現するものとして見出され開発された観光地である。この楽園イメージは、青い空、青い海、白い波、白い砂浜、サンゴ礁や熱帯魚、色鮮やかな花や緑などの美しい自然の要素、素朴で心優しい人々、彼らが守り伝える歌や踊りなどの伝統文化・芸術・宗教、それらが一体となって醸し出すのどかで温和な風景、などからなる。これらが備わっている、あるいはむしろいかにも備わっているという想像力をかき立

てる場所、具体的には熱帯・亜熱帯の島嶼を中心とした地域に、楽園観光地が点在している。

　以下、西欧における楽園イメージを振り返り、そのイメージを起点にアジアや熱帯の諸地域が地上の楽園として見出され、さらにこれが観光と結びついていった近代の過程について記述する。そして、「楽園」という甘美なイメージとは裏腹に、楽園観光に内在する暗部についても確認することにしたい。

西方キリスト教世界における楽園

　西欧における楽園イメージの原点は、『旧約聖書』の「創世記」第2章以下にあるエデンの園をめぐる記述である。そこには豊かな果樹があり、中央には命の樹と善悪を識別する知の樹があり、4つの川へと分岐するひとつの川が流れており、神はアダムにその土地を耕させ守らせていた。しかし、蛇にそそのかされて後者の樹の果実を食べたイヴそしてアダムは、善悪を知り、死すべき存在となり、エデンの園を追われた。そして、命の樹の果実を食べに来ることがないようにと、神はエデンの園にいたる道にきらめく剣の炎をおいた。

　欧米諸言語における paradise の語源は、古代ギリシア語の paradeisos である。この語は、壁に囲まれた庭や園を意味した。西方キリスト教世界では、この paradeisos が「創世記」のエデンの園を指すようになった。なお、ヘブライ語では「原初」を意味する語に「東方」の意味もあったため、エデンの園は東方にあるという理解が定着した。また、ヘシオドスが原初の黄金時代にあった至福者の島について、ホメロスがオケアノスの彼方にある極楽の地エリューシオンについて記したように、古代ギリシアには豊かな島や理想郷に関する神話や伝説があり、これも2世紀以降に西方に浸透していった。そして、この神話伝説上の理想郷としての楽園像と、ユダヤ・キリスト教における神の創造した原初の楽園像とが融合していった (Hesiod 1986: 24-35; Homeros 1994: 111, 174-176, 223-226; Scafi 2006)。

　エデンの園についてはさまざまな解釈があったが、5世紀の聖アウグス

ティヌスの議論以降、「創世記」に記されたエデンの園はいまも地上のど
こかに実在するという見解が一般的なものとなった。ただし、聖アウグス
ティヌスはこの地上の楽園がどこにあるかについて明確に言及しなかった。
それゆえ、地上の楽園の場所をめぐる議論がその後展開することになった。
たとえば、セヴィリアの聖イシドールは、地上の楽園はアジアにあるが、
原罪後の人間には接近不可能であると論じた。7世紀ころからはさまざま
な世界地図が描かれるようになる。一般にそれは、4つの川、アダムとイヴ、
命の樹などを描き込んだエデンの園／楽園を最上位つまり東に、イェルサ
レムを中心に、配したものであった（Augstine 1994: 251-263; Barney, Lewis,
Beach & Berghof (ed.) 2010（2006）: 285; Scafi 2006: 44-49, 84-153）。

　中世においては、さまざまな伝説や神話、神学者や教父の言説や文書、
図版や図象などによって、いまの人間にはその入り口は閉ざされている
が、地上のどこか遠い場所に楽園はあり、そこで正しき人々の魂が最後の
審判を待つのだ、という理解が定着していった。たとえば、聖アクィナ
スは、『神学大全』第102番の問題を「地上の楽園の場所」に当て、聖ア
ウグスティヌスやアリストテレスらの議論を参照しつつ、楽園が東洋や
赤道にある可能性に触れ、いずれにせよ穏やかな気候の場所だと論じた
（Aquinas 1965; Delumeau 2000（1992）: 3-64, 249-265; 池上 2020: 679-714;
Scafi 2006: 44-183）。

　その後も、さまざまな文学・思想書・旅行記などにおいて、地上の楽園
あるいはそれに似た場所に関する、たがいに重なり合う記述や描写が反復
された。すなわち、アジアつまり東方にあり、果樹と花が豊富にあり、命
の樹があり、風が穏やかで、寒さと酷暑がなく温暖で、楽園全体を潤す川
や泉があり、大洪水でも被害を受けないような高地にあるが、決して険し
い山ではないところであり、あるいは南の島であり、オウム――色鮮やか
で話す能力をもつオウムは楽園の鳥だった――がおり、そこに住む人々は
無垢である、といったものである。そして、こうした紋切り型のイメージ
や言説が、地理学や天文学の進展と結びつく中、大航海時代が幕を開けた。
たとえば、コロンブスは、エデンの園がインドの近くに実在すると信じて

西周りの航海を敢行し、自身が目にしたハイチや南米が地上の楽園に近い場所であると考えていた。スリランカ、スマトラ、ジパングも、楽園に近似するとみなされた（Colón 1965: 162-174; Delumeau 2000（1992）: 64-200; 増田 1965; 小川 2003: 60-61; Scafi 2006: 240-242）。

　各種の地理上の発見がはじまる 15 世紀は、世界地図の転換期でもあった。アジア方面に旅した宣教師や商人（マルコ・ポーロ、モンテ・コルビノ、プラノ・カルピニら）の情報が流通し、プトレマイオス地理学にもとづく地図が普及し、方位や地形を正確に描く海図（航海図）が西洋・地中海からアフリカ方面までをカバーするようになった。そしてこれらが総合され、北を上にし、方位や距離の精確さに留意した世界地図がつくられるようになった。このような世界地図には、なお楽園が記載されていたが、その場所はさまざまであった。東の端（最上位）に楽園を描いた旧来型の地図もあったが、それは数ある地図のタイプのひとつにすぎなくなった。地図は、神の無限の叡智の中にある有限な空間を描くものとなっていった。16 世紀以降、ほとんどの世界地図は北を上にして作成されるようになり、楽園は描かれなくなった（Delumeau 2000（1992）: 64-200; Pagani 1978（1975）; Scafi 2006: 16-19, 198-258）。

　16 世紀には、ルネサンスや宗教改革を背景に、楽園をめぐる神学上の認識も更新されていった。カトリックとプロテスタントともに、ルネサンスの科学的・合理的な思考を神学的な議論の中に注入しつつ、地上の楽園について論じた。ルターは、かつてエデンの園は地上に存在したが、原罪によって失われ、「創世記」にある 4 つの川も大洪水によってもはや原形をとどめていないと論じた。これにたいして、カルヴァンは、たしかに楽園は洪水によって荒らされてしまったであろうが、創造されたのとおなじ地はたしかにあるのだとした（Calvini 2005（1554）: 65-69; Delumeau 2000（1992）; Luther 1958（1535-1536）: 101; Scafi 2006: 254-334）。

　17 世紀末の時点では、同時代に楽園はもはや存在しないとする理解が一般的なものとなった。ただ、かつて楽園はどこかにあったのであり、原罪以前についてより正確に知るためにも、地上の（失われた）楽園につい

ての探究は必要とされた。だが、こうした地上の楽園の探究は、18世紀に転機を迎えた。聖書の記載事項に文献学や歴史学の立場からの考察や再検討が加えられるようになり、地質学による化石の研究から、大洪水そして地上の楽園の史実としての信頼性にたいする疑問が提起された。科学的な知見の発達の中で、地上の楽園の実在性は否定されていったのである（Delumeau 2000（1992）: 201-248, 304-332; 小川 2003: 57-61; Scafi 2006: 342-361）。聖書にあるエデンの園の記述をそのまま真実と受けとめる立場は、今日キリスト教神学においても少数派のようである。

　もっとも、学術の領域において楽園の実在性が否定された後には、旅行記・文学・絵画などの領域において、失われたものとしての楽園、あるいはそうした失楽園に等しい地上の楽園があらためて主題化されていった。神学への準拠を必要としなくなったがゆえに、近代において、楽園イメージは人々の想像力をおおいに刺激し、それが南の島への楽園観光へとつながっていったのである。

楽園イメージと楽園観光の結合

　18世紀の西欧では、熱帯や太平洋の島々に、人類の原初のときのような素朴な人々がおり、平穏で豊かな生活を送っているとする考え方が、知識人の中に浸透した。こうした考え方に影響を与えた思想家のひとりが、文明以前の自然な状態を理想としたジャン＝ジャック・ルソーである（Rousseau 2016（1754））。また、この18世紀には、それまでおおくの場所が空白であった太平洋に関する知見が急速に蓄積されていった。西欧の人々は、ジェイムズ・クックやブーガンヴィルの航海記に登場する南海の島々を「地上の楽園」「失われた楽園」として、またその島民たちを「高貴な野蛮人」として捉えるようになった。その代表がタヒチとその島民であった（Beaglehole (ed.) 2004a（1955-67）, 2004b（1955-67）; Bougainville 2007（1771）; 春日（編）1999; 多木 1998; 山中 1993, 2002, 2004）。

　19世紀前半の西欧では、遠隔地への進出とジャーナリズムの勃興とが重なる中、探検家・宣教師・軍人・植民地行政官らによる海外の情報が絵

入りの新聞や雑誌によって流通し、人々の好奇心をかきたてた。19世紀半ばには万国博覧会が開催されるようになり、実物やレプリカをもちいた立体的な現地の文化や生活の展示が、東洋や南方への憧憬を刺激した。東洋や南方への好奇心は、学術的な研究の興隆とそれに従事する専門家集団の組織化ももたらした。すなわち、各国で民族学博物館が開設され、民族学や東洋学の専門家が育成されるようになったのである。学術的な研究と東洋趣味や楽園幻想は、密接に絡み合っていた（Koppelkamm 1991（1987）: 201-205, 222-270; 岡谷 2005; Said 1993（1978）; 山中 2004; 吉見 1992）。

　南の島の楽園イメージは、東洋や新大陸のイメージと重なり合いまた渾然一体となっていた。その一端は、19世紀の印象派の絵画にうかがえる。印象派の画家たちは、アルジェリア（モネ、ルノアール）、南米（マネ）、カリブ（ピサロ）などの熱帯・亜熱帯への旅行や滞在で経験した、強い光と鮮やかな色彩をキャンバスの上に描こうとした。その印象派の影響を受けたゴッホが日本に憧れ、日本を南仏に対比していたことは、彼の中の楽園イメージのあり方を示唆している。ゴッホは、ピエール・ロティ（本名 Louis Marie-Julien Viaud）がタヒチと日本を題材に書いた『ロティの結婚』と『お菊さん』を愛読し、これに感化されていた。ゴッホは、ジャワなどの熱帯に憧れながらも実際に旅立つことはなかったが、熱帯への憧れをますます強めていたゴーギャンは、ゴッホとの共同生活が破綻した後、1891年に熱帯へと旅立った（岡谷 2005: 37-146, 2006（1983）; Rewald 2004（1973）; Thornton 1994）。

　アンナというジャワ人（スリランカ人ともいわれる）女性と同棲していたこともあるゴーギャンは、1889年のパリ万国博覧会を何度も訪れた。アンリ・ルソーも、この万国博覧会を頻繁に訪れ、熱帯とくにジャングルの風景にたいする想像力をたくましくしていた。革命100周年を記念するこの4回目のパリ万博において、ゴーギャンがもっとも注目したのは、本会場からやや離れたところで開かれていた植民地博覧会における、ジャワやカンボジアの村落風景であり、ジャワ人女性たちの踊り——ゴーギャンはこれを「ヒンドゥーの舞踊」とみなしていた——であり、アンコール

1889 年パリ万博
ジャワ村落（絵葉書）
（http://hdl.handle.net/1887.1/item:852043）

1889 年パリ万博
ジャワ村落展示の踊り手たち
（http://hdl.handle.net/1887.1/item:2360884）

1900 年パリ万博「世界の塔」
「世界の塔」は、インドのヒンドゥー寺院や日本の五重の塔など、アジアのさまざまな建築物を融合したパビリオンである。その内部では「世界旅行」という、旅行会社の企画展示が催行された。観衆は、スクリーンに映し出される世界各地の港を中心とした風景を見て、ヴァーチャルな世界旅行を楽しんだ（Koppelkamm 1991（1987）: 267-270）。

ワットのパビリオンであった。ゴーギャンは、ボロブドゥールの石造彫刻に似たポーズをとったイヴが熱帯の風景の中で蛇にそそのかされて赤い実を食べようとしている様を「異国のイヴ」という作品に描いた。ゴーギャンやアンリ・ルソーにおいて、熱帯、太平洋、楽園、そしてジャワ、インドシナは渾然一体となっていた（Morton 2002（2000）: 226-240; 岡谷 2005: 147-183, 2006（1983）; Shackelfold 2009: 40-41; Thomson（ed.）2010: 19, 169; 山川 1995: 97-102; 山中 2004: 56）。

絵画や文学作品ばかりではない。19 世紀後半には写真、20 世紀にはレコードや映画など、画像・音声・動画に関する複製技術の革新も進み、ロマンティックなイメージとしての地上の楽園は、小説・エッセイ・絵画・写真・音楽・映像・展示や模型などの複合的な媒体を通して、さらに流通していった（Koppelkamm 1991（1987）；Morton 2002（2000）；山中 2004）。第 1 章で触れたチャップリンやコヴァルビアスは、こうしたメディア文化の商業的発展という流れの中に自らの活躍の場を見出していた。

　19 世紀後半以降、楽園への海外旅行を可能とする諸条件も整っていった。具体的には、通信技術と通信網の整備、鉄製船舶の普及とその大型化および高速化、長距離航行船舶の寄港地の確保、植民地体制の構築とその安定化、欧米の物質文化の現地への移植、旅行会社の海外ネットワークの整備、衛生思想の確立と熱帯医療の進展、遠方の観光地を魅力あるものとして訴えるマーケティングの展開、などである。こうして、南海に浮かぶ楽園への観光が実現するようになった。

　19 世紀の時点では、冒険家や軍人でもない一般の人々が南海の楽園を訪れるにはなお種々の困難があった。しかし、20 世紀前半になると、第一次世界大戦の軍事技術の転用や、大戦により荒廃した西欧の外への関心の高まりなどもあって、地上の楽園を訪れる海外観光は新たなビジネスとして展開されていった。アメリカ合衆国に併合されたハワイでは、1903 年に観光局に相当する政府機関が組織され、観光者の誘致と宣伝活動がはじまった。1921 年にはホノルル港の港湾施設が近代化され、1925 年にはアメリカ西海岸とを結ぶ大型の豪華客船が就航し、高級リゾートホテルの建設も進んだ。20 世紀初頭にはマイアミなども楽園リゾートとなり、1914 年の第一次世界大戦の勃発およびパナマ運河の開通以降は、カリブの一部地域でも観光開発が本格化した（山中 1992, 2002, 2004）。

　オランダ領東インドでも、1910 年代から観光化の動きがおこり、1924 年にはバタヴィア（現ジャカルタ）を出発してバリを含む主要な観光地をまわる定期船が就航した（第 6 章）。フランス領タヒチの場合、本国との距離もあって、観光化が本格化するのはジェット機が就航する第二次世界

大戦後になる。ハワイは、最初に消費社会化したアメリカという巨大な市場社会の中に組み込まれていたため[4]、南の島の楽園観光の先陣を切るとともに、他地域における楽園観光地化の基本モデルを提供した。楽園への観光と楽園観光地の造成は、20世紀前半に本格化した。1930年代には、西欧諸国の政府が観光振興政策に取り組むようにもなった。フランスでは、1936年に世界初のバカンス法が制定され、2週間の有給休暇を与えられた労働者のレジャーも定着していった。

　第二次世界大戦後、世界各地を巻き込んで、観光はさらに巨大な複合産業として発展した。先進国における経済成長・中産階級の増大・消費社会化などの動向と、アジアやアフリカにおける新興独立国の増大がもたらした国際協調体制の確立が、その背景にある。1961年に「国連開発の10年」がはじまり、1964年にUNCTAD（国連貿易開発会議）が設置されるなど、1960年代は先進国側の途上国側にたいする国際的な開発援助体制が本格化する時代であった。それが、後者の地域における空港整備や道路・橋の建設などの観光インフラの整備を後押しした。このころ、ジェット航空機による輸送体制の確立、クレジットカードの普及、スキューバダイビングやサーフィンといったマリンスポーツの浸透、いわゆるヒッピーの貧乏旅行のブームなどもあって、途上国における外貨獲得の手段としての上から

※4　アメリカでは太平洋や南海の楽園を題材にした映画が量産され、これが楽園イメージの社会的浸透におおきな役割を果たした。ハリウッド映画は、1920年代にはすでにヨーロッパや植民地となったアジア各地の映画市場において圧倒的なシェアを占めていた。いわゆるトーキー映画が人気となる1930年代には、官能的な女性がフラダンスなどを踊り歌うミュージカル系のハワイ映画がおおく製作された。その大半は、白人男性と（白人女優が演じる）現地人女性とのラブロマンスを軸とし、ここに南の島の風景や自然、素朴な原住民、奇怪な信仰や習俗、失われつつある楽園といった、欧米の観衆がもつ紋切り型のイメージに訴えかけるものであった。ハワイ映画は女性の性的魅力を前面に出していた。そうしたハワイ女性の図像は、映画にとどまらず、ホテルや客船を飾る絵画やみやげ用の絵葉書にも採用された。実際のハワイや太平洋の島々ではキリスト教的倫理が浸透していたが、欧米の人々は、南の島の挑発的で官能的な女性という自らが構築したイメージを映画の中で確認し、自家消費していたのである（Sklar 1995 (1975)；山中 1992, 2002: 166-171, 2004: 67-78）。

の観光開発と、それに刺激を受けた現地の人々による下からの観光振興とが、たがいに共鳴し合って観光地化が進行した。大型ジェット機を利用した大衆観光時代が到来し、楽園観光地の造成はいっそうグローバルに展開した。グアム、サイパンをはじめ、世界の各地で楽園観光地が開発・拡大されていった。

　こうして、古代ギリシアにまでその起源をたどりうる、南方の島を楽園あるいは理想郷とみなすイメージは、20世紀にひとときの休息の地としての楽園を売り込む観光産業と結びつき、楽園観光と呼びうる新たな社会現象へと結実したのである。ただし、楽園観光地となった南の島々は、自然の無垢な状態でも伝統的なままの社会でもなかった。19世紀後半に芸術家たちが訪れていたこと自体、近代化・西洋化の一環であった。彼ら芸術家やのちの観光者たちは、自らがもつ楽園イメージ——現在なお存在する「最後の楽園」であれ、「失われた楽園」であれ——を確認しようと、楽園を訪れたのである。また、付言すれば、富裕層がこうした優雅な海外旅行を楽しんだ一方で、経済的困難から新大陸やオーストラリアに移住せざるをえない西欧の貧しい人々もすくなくなかった。

楽園観光地の脆弱性

　以上、楽園観光の成立について概観した。次に、楽園観光地のもつ特徴について整理しておきたい。

　楽園観光地は、青い海や白い砂浜などの自然、素朴な現地の人々、彼らの伝統文化、といったおなじような要素からなる楽園イメージのコラージュを売り物にしている。つまり、楽園観光地はたがいに類似し合う特徴を本質としてもっている。これが第1点である。楽園観光の舞台となる島嶼は、すくなくとも大陸と比べれば、生態学的にも社会学的にもおおくの点で多様性と固有性を有する。にもかかわらず、そうした差異よりもイメージの同質性によってひと括りにされ捉えられる傾向があるのである。

　それゆえ、楽園観光地は相互の差別化に困難を抱えている。これが第2点である。たとえば、グアムとサイパンの間にどのような観光地として

の中身の違いがあるかは、通常の観光者にはあまり明確ではない。観光パンフレットやガイドブックなどでは、いずれの観光地も大枠のところで類似するイメージに即して描かれている。観光者は、世界各地に散らばった、基本的には同型である楽園観光地の中から、費やすことのできる時間やコストを勘案し、当該観光地が有する相対的にはわずかといってよい独自性に注目し、目的地を選定する。楽園観光地は、楽園らしさの保持というこの基本型に訴えかけつつ、微細な差別化によって他の楽園観光地との競合に勝つしかない。場合によっては、青い海、ヤシの木、白い砂浜、サンゴ礁、そういったものだけがあれば十分であり、ほかはむしろ不要である、というのが、楽園観光地のひとつの典型的な姿である。

　ところで、楽園観光地となるのは一般にちいさな島嶼である。島嶼は、生態学的にも社会資本の点でも脆弱なところがすくなくない。また、何がしかの楽園観光地の造成を行ったために、農業や漁業といったかつての基盤産業へと後戻りすることがもはや難しいというところもある。いったん観光産業に特化し、それがある程度定着すると、いまある人口を養っていくには、別種の産業への転換はきわめてリスクの高い選択であると地元では受け取られる。しかし、他方で、そのまま楽園観光地として存続または発展していくことが保証されているわけでもない。キャパシティのちいさな島におおくの観光者が訪れ滞在するだけでも、その島の楽園らしさは急速に変貌する可能性がある。モルディヴ諸島やツバルのように、海面上昇とサンゴ礁の破壊により観光地として存亡の危機を迎えているところもある。この島嶼ゆえの社会学的・生態学的な脆弱性が、第3点である。

　ここで、小規模な楽園観光地において小規模ビジネスに関わる現地の人々に注目しよう。彼らは、楽園観光地の二重三重の脆弱性（vulnerability）にさらされた人々であるといえる。外部の有力企業や資本家によって開発される楽園観光地はすくなくない。しかし、こうした外部資本は、当の楽園観光地の発展可能性にもはや期待できないという場合、早々と撤退することがある。そもそも観光者自体が外部からやってくる存在である。ひとときのブームに乗っておおくの観光者であふれかえった後に、潮が引くよ

うにブームが去って観光者が来なくなってしまえば、外部資本の進出・撤退の如何にかかわらず、当の観光地において生計を立てている小規模経営者たちは困窮せざるをえない。災害、テロ、疾病などが一挙に観光地を襲うこともある。2020年の新型コロナウイルスの感染拡大は、世界各地の観光地に甚大な被害をもたらした（吉田 2021）。観光のリスクについては第13章であらためて触れる。ここでは、観光の衰退が、当の観光地に生まれ育ちそこを離れることができない人々の生活基盤を直撃するということを確認しておきたい。彼らに目を向ければ、楽園観光地の高リスク性は一目瞭然である。これが第4点である。

　このように、島嶼の楽園観光地はさまざまな点で構造的といってよい脆弱性をもっている。そうした島嶼の楽園観光地の脆弱性や高リスク性は、マクロな視点からではなく、ボトムアップのミクロな視点から個々の観光地をつぶさに調べることによって、また歴史・社会・文化・環境などを総合的に踏まえることによって、はじめて明らかになるものである。この点で、人類学は、島嶼の楽園観光地を分析する上で有力な視点を提供すると、私は考えている（吉田 2013b, 2020a）。

観光に内在する隷属関係

　最後に、南の島の楽園観光に内在する権力や支配の問題についてとり上げておく。たとえばフーコーは、暴力などの物理的強制力を伴うハードな支配や権力ではなく、人々が自ら進んで受け入れようとする、愛や生をうながすソフトな支配や権力について考察した（Foucault 1986 (1976), 2006 (1979); 檜垣（編）2011; 吉田 2018: 18）。そうした視点から、楽園観光に潜む支配の仕組みを考えてみよう。

　楽園観光地では、美しいラグーンが眺望できるビーチサイドのホテルや海上コテージの中に、西洋式の、あるいは西欧と現地スタイルとが融合した、家具や寝具が配置されている。食事も、基本的に西欧スタイルで提供される。ホテルやレストランの従業員が客と話す際にもちいるのも、英語をはじめとするゲスト側の言語であり、メニューも英語で書かれている。

観光者は、白い砂浜、ヤシの木、色鮮やかな花々など、楽園にふさわしい諸々のものに取り囲まれ、また、現地のムードを醸し出す内装、真っ白なシーツ、礼儀正しい従業員などからなる、上質のもてなしに接することで楽園のひとときを享受する。楽園観光には、南方にある現地でしか提供できないアイテムと、西欧的な基準を持ち込んだ設備やサービスとが織り合わさっている。観光者は、こうしたものに包まれて、生活圏の彼岸にある楽園で癒されるのである。

　こうしてみると、楽園観光においては観光者側の文化や制度が優先されていることがわかる。観光はホストとゲスト（観光者）の出会いによって成立するが、一般にそこで優先されるのは、ゲスト側の文化や制度であってホスト側のそれではない。ここには、支配関係があると考えてよいのではないだろうか。ゲスト側は支払いの対価として癒しや快楽をもとめ、ホスト側はこれに応えることで利益を得る。そう考えれば、ここにあるのは経済的互恵関係である。しかし、観光業の接客において、ビジネスとしてやるべき仕事と不要なオーバーサービスとを分ける基準はあいまいである。また、ホスト側は、ゲストに合わせて自らの日常から遊離したルールや制度にしたがうことにもなる。ホストとゲストの会話においてゲスト側の言語や文字を使用することは、そのひとつである。ホックシールドは、サービス業が心を商品化し、精神的な主従関係・隷属関係を強いていると指摘し、こうした労働のあり方を「感情労働」（emotional labor）と呼んだ。彼女によれば、より深い感情労働は、仕事として割り切ってやるものではなく、全身全霊を込めて顧客に心を尽くすものとなる。楽園観光ばかりでなく、観光業やサービス業（医療、介護、教育、風俗など）全般にこうした心の商品化は介在し、それは今日ますます強化されている。東京ディズニーリゾートの人気も、こうした感情労働の徹底にもとづくと考えてよい。サービス業従事者が心から客をもてなしたいと思うことこそ、隷属の証といえるのである。しかし、観光やリゾートを楽しむゲストたちが、このホスト側の隷属性や、そこに潜むソフトな支配や権力に気づくことは、通常あまりないのである（江口 1998; Hochschild 2000(1983); 吉田 2020a）。

おわりに

　本章では、地上の楽園がいったん実在性を喪失し、その後近代の文学や芸術において再発見され、さらに観光と結びついて新たに創出されていく過程を概観するとともに、こうして生まれた楽園観光地のもつ特徴を生態学的・社会学的な脆弱性という点に看取した。

　ここまでの３つの章で、バリの具体的な事実に向かう準備は整ったと考える。では、次章では、上に述べたソフトな支配ではなく、植民地支配に向けたハードな権力行使について記述し、バリの植民地支配にいたる経緯を確認することにしよう。

第4章
古きよきバリの終焉

西欧とバリとの出会い

　1597年、コルネリス・デ・ハウトマン率いるオランダ船団がバリに上陸した。これがオランダとバリとの関係のはじまりである。当時のオランダ人は、ネーデルラント連邦共和国を立ち上げ、スペインからの独立をかけて戦っていた。ハウトマンらは、記録の上ではじめてバリに上陸した西欧人であった。豪奢な宮廷生活を送る王との会見は、彼らにバリの豊かさと王の強さを印象づけたようである。また、プロテスタントであったハウトマンらは、イスラーム勢力が支配的な周辺地域の中にあって孤島のようにヒンドゥーを奉じるバリに、ある種の親近感を抱いた。バリにとどまることを選んだ船員を残し、オランダに帰った一行は、コヴァルビアスによれば、新たな楽園を発見したと報告した。そして、このニュースを受けて、ひとりのオランダ人商人がバリに赴き、王からバリ人女性を贈られるということもあった（Covarrubias 2006（1937）: 70; Vickers 2000（1989）: 18-20）。

　当時のバリは、ゲルゲル（Gelgel）朝の下にあった。14世紀前半のマジャパイト王国の侵攻後、バリでは既存のヒンドゥー王権に代わって、マジャパイト系のヒンドゥー王国が成立したと考えられる。その後継がゲルゲル朝であり、現在のクルンクン（Klungkung）近くのゲルゲルに王宮を

47

遷して 15 世紀ころに成立した。マジャパイト王国は、イスラーム勢力の
ジャワへの伸張によって 16 世紀前半に瓦解した。ジャワはこの後イスラ
ーム化していく。一方、ゲルゲル朝下のバリでは、ジャワ的ヒンドゥー文
化が土着化し再編され、文学・舞踊・劇・音楽などの宮廷文化が発展した。
ゲルゲル朝は、17 世紀に入って衰退の兆しをみせはじめるが、ハウトマ
ンらは、政治的に安定し宗教文化の成熟期を迎えた時代のバリを訪れたの
であった（Ramseyer 1986（1977）: 55-60; 吉田禎（編）1992: 24-29）。

　当初、オランダにとって、バリは有力な交易対手になるように思われた。
水田を潤す灌漑の体制が発達しており、人口密度も周辺の島々より高く、
王が宝石と金をふんだんにあしらったクリス（kris; 青銅の短剣）を所持す
るなど、社会・経済の豊かさが垣間見られたからである。また、イスラー
ムにたいする敵対心がヒンドゥーへの親近感に結びついたという点もある。
バリにあった殉死（サティー）の習慣——王族の寡婦が夫を荼毘に付す火
中に飛び込む——も興味深い異文化に映った。しかし、1602 年に設立さ
れたオランダ東インド会社は、バリの王との交渉を試みたものの、交易関
係を樹立するにはいたらず、バリはオランダが確立した東インド諸島の交
易ネットワークからはずれることになった。オランダはバタヴィアを拠点
とし、海上交易で莫大な利益を上げた。18 世紀にはジャワの大半を支配
するようになり、イスラームのマタラム王国も弱体化した。こうした中で、
オランダのバリへの関心は薄らいでいった。とともに、オランダのバリに
たいするイメージはネガティヴなものに転じていった。バリの王は、周辺
地域に奴隷を輸出し、オランダの目を盗んで密貿易も行っていた。吹き矢
を操るバリ人にオランダ人が殺害されたこともあり、バリの男は好戦的で
粗暴であるという見方も定着した。サティーの習慣もヒンドゥーの悪しき
因習の象徴として捉え直されていった。バリは、豪奢な宮廷生活を送る王
がヒンドゥーの宗教文化に依拠しつつ粗野な民衆を支配する封建的な社会
である、とみなされるようになった（中村 1990:180; Vickers 2000（1989）
: 18-31）。

意図せざる支配領域の拡充

　オランダ領東インドは、ナポレオン戦争期の 1811 〜 1816 年、イギリスの統治下に入った。このときの植民地政府副総督であり東洋学者でもあったラッフルズは『ジャワ史』を著し、イスラーム化により失われたジャワのヒンドゥー文化がバリに残存していると指摘した (Raffles 1988 (1817)：ccxxxi-ccxl)。

　むろん、これは単純な理解である。かつてのジャワのヒンドゥー文化がそっくりそのままバリに残っていたわけではない。しかし、バリがかつてのジャワのヒンドゥー文化をいまに伝える「生ける博物館」(living museum) であるとする見方は、この 19 世紀に定着し、20 世紀初めのバリの観光地化を導くひとつの綾となる。ジャワでボロブドゥール遺跡を発見したラッフルズは、いわゆる高文化としてのヒンドゥー文化ないしヒンドゥー＝仏教文化に関心を寄せ、バリ人を「高貴な野蛮人」とみなした。その一方で、オランダ慣習法学者のフリーデリヒのように、洗練された文化をもつジャワ人とは異なり、バリ人は「未開人」であって、イスラーム化する以前の古い段階のジャワ文化がバリに残存するにすぎないという認識をもつ者もいた。フリーデリヒは、後述する 1846 年の遠征軍とともにバリに赴き、現地で古文書を調べ、民衆の宗教を起点にバリの社会・文化を理解する学術的まなざしを育んだ。慣習法学派は、この 19 世紀後半以降、王族・貴族層よりも村落に生きる民衆の文化や宗教に焦点を当てるようになる。ともあれ、これら東洋学や慣習法学派の研究によって、バリをイスラーム到来以前の東インドにおけるヒンドゥー的文化の理解という観点から捉える学術的認識が定着していった (永渕 1998: 34-37; 中村 1990: 18; Picard 1999:190; Vickers 2000 (1989)：37)。

　ウィーン体制の確立に伴い、オランダはふたたび東インド諸島の統治主体として復帰した。このとき、オランダの実効支配がいまだおよばないバリには 9 王国が存在していた。17 世紀後半に、ゲルゲルからクルンクンに王宮を遷しクルンクン朝が成立し、その後 18 世紀末ころまでに各地方を治める 8 王家が分離独立していったのである。その 9 王国とは、東から、

カランガッサム（Karangasem）、クルンクン、バンリ（Bangli）、ギャニヤール（Gianyar）、バドゥン（Badung）、ムングウィ（Mengwi）、タバナン（Tabanan）、ジュンブラノ（Jembrana）、そして北部のブレレン（Buleleng）である（Geertz 1990 (1980) : 11-15; Schulte Nordholt 1996)。

　19世紀当時、これらの王国は、たがいに同盟の締結・破棄そして抗争を繰り広げていた。王ばかりでない。ある地域を治める領主も、他地域を治める領主や自国の王や他国の王との間に、紛争を抱えることがあった。王は、その王国の領域内を統括する支配者ではなかった。各地域は、それぞれの地方領主の実質的な支配下にあり、そこに王が影響力を行使しうる余地はかぎられていた。また、特定の支配者をいただくことなく村落の自治的秩序を構築する地域もあった。とくにバリアゴ（Bali Aga, Bali Mula）と呼ばれる村の中には、年齢階梯制を基盤とした自治組織を形成し、外部の政治勢力からの干渉を拒否しようとするものもあった。オランダは、こうした従属と自律、抗争と同盟とが複雑に入り組み、支配範囲の拡大と収縮の変動を伴うバリ社会にたいして、19世紀半ば以降、政治・軍事的な介入を深めていった。それは、オランダが意図せずしてバリの錯綜した政治抗争に巻き込まれていくことを意味した（Geertz 1990 (1980) ; Schulte Nordholt 1996; Vickers 2000 (1989)）。

19世紀半ばのバリ島略図（Schulte Nordholt 1996:16 の図をもとに作成）

　バリの王たちは、オランダが要求する宗主権承認をあいまいにしていた。オランダ植民地政府は、一度ならずバリの王たちにオランダの宗主権を認めさせていたが、王側が主権の承認ということの意味をよく理解していなかったこともあり、何ら実効的意義をもたなかった。このことについて、植民地政府は再三にわたって警告を発していた。また、先述したように、王たちは密貿易つまりオランダが未承認の勝手な交易も行っていた。バリからは、奴隷のほかに、米・布・家畜などが輸出されていた。さらに、海岸部の住民は、難破船から漂着する物資を神からの贈り物とみなして所有した。しかし、このバリ的習慣は、西欧側にとって違法な略奪行為にほかならなかった。オランダは、1846 年に、バリ側の難破船物資の「略奪」をきっかけに、北部のブレレンにはじめて軍を派遣した。結果的に、このときのバリ遠征は都合３度におよんだ。バリの諸王・領主が連合軍を結成し、オランダの予想をこえた奮闘をしたのである。このことは、好戦的で粗野な未開人というオランダ側のバリ認識を強化することにもなった。1849 年の３度目の遠征において、ようやくオランダ軍はバリ軍を破り、北部バリの一部を占領した。この占領地は、この年のバリ島クタ（Kuta）での休戦協定の締結により、バリ側に返還された。オランダは懲罰を加えることを目的としたのであって、バリの支配をねらったのではなかった。この協定締結の儀礼には、バリの諸王らとその従者およそ３万人が一堂に会した。連合軍を結成し外敵と戦った経験とこの休戦の儀礼は、バリ人側にとって、オランダという圧倒的な力をもった外部の存在と、その外部との対置において成立するバリ社会の単位性を、実感する契機になったと推測される（Schulte Nordholt 1996: 159-167; Vickers 2000（1989）: 28-31, 37-49)。

　オランダは、しかし、やがて北西部２王国を直接統治することになった。きっかけは、オランダ軍の侵攻もあって弱体化したブレレン王に代わり、ここに触手を伸ばそうとするバンリ王に対抗して、ブレレン内の領主たちがオランダの直接支配に入ることを望んだことであった。こうして、オランダは 1854 年にブレレン王国の首都ブレレン（現在のシンガラジャ）

に監督官をおいた。監督官の任務は
紛争の回避というあいまいなもので
あった。監督官は、オランダの主権
を認めようとしないブレレン内の領
主たちにたいして2度の武力行使
を行ったが、オランダの宗主権を侵
害する行動をとらないかぎり、彼ら
の間の紛争や同盟締結については黙
認した。オランダは統治に消極的だ
ったのである。ただし、1860年代
後半になると、原住民の福利を考慮
する観点が提起され、南部バリでの
奴隷交易、妻の殉死、手足を切断す
る刑罰、王の圧政などにたいする批

1860年代のブレレン王
(http://hdl.handle.net/1887.1/item:740463)

判的な関心が高まるようになった。1873年には北部バリで原住民に関す
る調査も行われ、報告書には民衆がオランダ側に助けをもとめていると確
信できると記された。植民地政府は、いっそうの監督の必要性を認識し、
1882年にはブレレンにバリ島とその東のロンボック島を管轄する理事官
をおき、バリの直接統治をはじめ、西部のジュンブラノもこの直接統治の
中に組み込んだ（Schulte Nordholt 1996:169-172）。

　この北西部における直接統治の開始を受けて、中南部バリの王たちは、
オランダがやがてバリ全体を支配下に組み込もうとするのではないかとい
う疑念を抱いた。また、王国間の抗争に関してはオランダを味方につける
ことが有利になるということも認識した。中南部の諸王国は、オランダの
顔色をうかがいながら、たがいに入り乱れた紛争をつづけた。その過程で、
1891年にムングウィは滅んだ。アチェ戦争をはじめ、植民地政府は東イ
ンドの各地において土着の勢力との／勢力間の紛争に巻き込まれており、
バリでの問題収拾は後回しになった。その後も王家・領主家間の紛争はつ
づいた。1895年にはカランガッサム、1900年にはギャニヤールが、オ

ランダの保護領になった。カランガッサム王国は、分家筋が隣のロンボック島西部を支配していたが、オランダが 1894 年に軍を派遣しこの分家の勢力を倒して直接統治をはじめたため、経済力と政治力におおきなダメージを負った。カランガッサム王家は、オランダ人官吏の助言も受けて、統治権を譲渡しオランダ領東インドの現地人首長（官職名は領事）となったのである。オランダが領事の後ろ盾となって間接的に統治するというこの手法は、深入りを避けたいオランダ側にとっても、王家の存続と威信の確保をはかりたいバリ側にとっても、望ましいものであった。1900 年には、自国内の領主たちとの抗争を抱え、周辺王国からも侵略を受けたギャニヤール王国が、第 2 の保護領となった。オランダは、かならずしもバリ統治に積極的ではなかったが、ますます複雑化する王族・領主間の抗争の中で支配を拡充せざるをえなかった（永渕 1998: 27-28; Schulte Nordholt 1996: 170-200; Vickers 2000（1989）: 33-34, 73-76）。

ププタン（終焉）

　世紀が変わった 1901 年、議会開始時の女王演説を受け、オランダ政府は倫理政策を正式に掲げた。本国は植民地経営によりおおいに潤った、いまやこの「名誉の負債」を返済すべく、植民地における現地人社会の発展と向上につとめ、たとえ経済的なメリットに乏しい地域であっても、封建的な領主の圧政と専横に苦しむ民衆を解放し、文明社会の正義を広くゆきわたらせるべきだ、というのである。この論理の下、オランダ政府は、封建的体制から民衆を解放するという点での倫理政策の実現のために、当の民衆を組織化した現地軍に向けて武力行使を行った（永渕 1998:30; Schulte Nordholt 1996: 210-213）。

　バリでは、1904 年に、バドゥンの漁村サヌール（Sanur）の住民たちが沖あいの難破船（オランダ国旗を掲げた中国船）の物資を「略奪」するという事件が起こった。この件について王側との補償交渉が決裂したことを受け、オランダ軍は 1906 年 9 月にサヌールに上陸した。これは、直接的な植民地統治に向けた武力行使であった。この時点で、すでにオランダはバ

リの北西部の2王国を直接支配し、中東部の2王国を保護領化し間接統治下においていた。残るのはバドゥン、タバナン、バンリ、クルンクンの4王国である。バリ外の地域の現地人を主力に編成されたオランダ軍に対峙したのは、槍やクリスをもち儀礼用の白の正装で身をかためた、女性や子どもを含むバドゥンの王族と民衆たちであった。つまり、民衆の解放を大義名分としたこの上陸作戦は、現地人を主力としたオランダ軍部隊と、民衆を巻き込んだバリの現地人勢力との交戦だったのである。しかも、ここにオランダ側が予想もしなかったことが起きた。バドゥンの王族と民衆たちは、オランダ軍が侵攻してくると、王家ゆかりの寺院で祈りをささげた後、伝統的な武器だけをもってオランダ軍に立ち向かった。これにたいしてオランダ軍が発砲し、子どもや女性を含むおおくの人々が死んだ。さらに、ここに集ったバリ人たちはクリスを自身に向け、集団自決していった。1,100人以上とされる死者を出したこの悲劇は、ププタン（puputan; 終焉）と呼ばれた（Baum 1997（1937）; Creese, Putra & Schulte Nordholt (ed.) 2006）。

バドゥン王宮を攻略したオランダ軍は、タバナン王国に攻め入り、王とその息子を捕えたが、彼らもすぐに自決した。そして1908年にオランダ軍はクルンクン王国へと進撃した。バドゥン同様の集団自決がここでも繰り返された。この中で、最後に残ったバンリは、遅ればせながら保護領となることを望み、同年認められた。オランダと戦ったバドゥン、タバナン、クルンクンの3王国では、王は廃嫡となった。王の家系が途絶えたわけではないが、王家の勢力は深刻なダメージを受けた。一方、オランダの保護領となったカランガッサム、ギャニヤール、バンリの3王国では、王家がそのまま勢力を温存させた。後者の3王家や、19世紀以降に急速に台頭したウブド領主家は、植民地時代に儀礼活動や宮廷文化を活性化させることになる（永渕 2007: 70; Schulte Nordholt 1996: 210-216; Wiener 1995: 274）。

このププタンと呼ばれる出来事は、文字どおり古典国家の終焉をもたらした。ただし、ここで留意しておくべき点がある。バリ人は、このププタ

バドゥンのププタン
王の玉座を取り囲むように遺体
が横たわる
(http://hdl.handle.net/1887.1/
item:911418; Creese, Putra & Schulte
Nordholt (ed.) 2006: vi, 94)

バドゥン王宮に運ばれる王の遺体
(http://hdl.handle.net/1887.1/item:909620)

ン事件の以前も以後も、しばしば白い正装を身にまとい、クリスをもって集団で戦うという戦法をとった。バリでは、こうした戦闘行為はププタンもしくはそれ以外の語で呼ばれていた。ところが、オランダ側は、王国の滅亡に際しての出来事のみを「ププタン」と呼び、この出来事を集団自決という点に注目して捉えた。つまり、王族の妻が夫の火葬の際に殉死するように、人々が王とともに集団自決しようとする行為がププタンである、と捉えたのである。のちのインドネシア独立に際しては、インドネシア人ナショナリストたちも、ププタンをこうした殉死の意味で捉える理解を継承した。しかし、「ププタン」を悲劇的な集団自決とみなす理解は、異文化としてのバリ人の行動を捉えるためのオランダ側の理解の産物であって、バリ人側の理解枠組みではないのである (Wiener 1999)。

おわりに──悲劇の所以

　本章のポイントを振り返っておこう。宗主権問題や難破船の物資の「略奪」などについて、オランダ側とバリ側との間にはたがいに理解のずれがあった。また、オランダ植民地政府のバリへの対応は、消極的であるとともにつねに後手に回るものであった。このずれと消極的な対応の挙句に起きたのが、ププタンという事件であった。発砲するオランダ軍にたいし、

クリスをもった王族や民衆がそろって「死の行進」をし「集団自決」した——とオランダ側は理解した——という、あってはならない出来事が発生したことで、政府は国の内外から非難を浴びた。

　ただ、ここで重要なのは、ププタンによってオランダ側が何を学んだかである。彼らにとってププタンは、勇猛・野蛮なバリ人、殉死をいとわぬバリ人といった、それまでのイメージを総括する出来事であった。つまり、ププタンはオランダ側がもっていた既存の理解枠組みの中に回収されて捉えられたのである。オランダ植民地政府は、その後のバリ統治に当たって、バリ人とその文化を理解しこれを尊重しようとはする。しかし、その過程においても、植民地政府は、自らの理解とバリ人側の理解とのずれを把握し、自らの理解や統治の方向性を軌道修正するにはいたらなかった。ププタンは、多数の命という犠牲を払ってオランダ人側とバリ人側との間にあるたがいの理解のずれをあらわにするものであったが、そのずれを埋めていく契機とはならなかったのである。ププタンが正確な意味で「悲劇」である所以はここにあると私は考える。バリ人たちを死に追いやったのは、オランダ側のバリ理解とバリ側のオランダ理解との間の埋めることのできない懸隔であった。この懸隔は、20世紀における植民地支配の下でも埋まりはしなかったのである。

　本章のタイトルにある「古きよきバリの終焉」は、西欧側のまなざしにもとづく理解を表したものである。ともあれ、こうしてバリは全島的な植民地統治の体制へと移行し、上からの主導による社会の近代化がはじまることになった。しかし、オランダ側は、いにしえのマジャパイトのヒンドゥー文化を残したバリ社会という固定観念をもって統治を行ったため、バリ社会の近代化はこの島の伝統文化の尊重、あるいはむしろ伝統の再形成と一体的に進むという、奇妙なねじれを抱えたものになる。次章では、この点に注目することにしたい。

第5章
バリをバリ化する

　植民地体制下のバリでは、オランダ側がもつバリ理解にもとづいて社会や文化が再編されていった。当初、オランダ側には、バリはマジャパイトの血を引く貴族（高カスト）が地域の村落に生きる原住民を支配する封建的なヒンドゥー社会であるとする見方があったが、バリでの統治と学術的な調査研究が進むと、バリ社会の根幹はそうした貴族とその宮廷文化にではなく、村落に住む民衆とその宗教文化にあるという見方に変わっていった。ただ、いずれにせよ、こうしたオランダ側の認識を起点として、近代化の中でバリの伝統文化が再形成され強化されていったことに変わりはない。本章では、こうした近代化の中の伝統文化の強化の過程について概括することにしたい。

行政体制の再編

　前章でみたように、バリの古典国家はオランダの軍門に下った。ここから時間をおかず、植民地政府は、既存の8王国の範域を行政単位として再画定し、南部バリの6国それぞれに監督官をおき、この監督官の上位に立つ副理事官をバドゥン王国の首都バドゥン（現在のデンパサール）においた。バリ最上位の役職である理事官とその官庁は、変わらず北部のブ

レレンにおいた。そして地域には新たな行政村の制度を敷いた。それまでは領主や王への忠誠が二重である村や、逆にそうした帰属関係をもたずに孤立的・閉鎖的にふるまう村もあったが、行政村の体制はそうした既存の村（慣習村や集落）とは別の統一的なものであった。行政村はたびたび再編されるが、その仕組みはインドネシア独立後にも継承されていく。ただし、既存の慣習村・集落が行政村に置き換えられたわけではなく、地域社会は慣習村・集落と新たな行政村が併存する複雑な状況になる（第7章）。さらに、政府は、より効率的に水田に水を供給し、徴税を合理的に行う仕組みも整えた。また、バリの慣習法を記した古文書を参照して法制度を定め、バリ人関連の訴訟を扱う原住民裁判所を設けた。各地方を統括する官吏には王族や領主の一族、カストの位階名でいえばサトリオ（Satria, Ksatria）やウェシオ（Wesia）の者を、また原住民裁判所の裁判官にはブラフマノ（Brahmana）の者を、もっぱら充てた。こうして行政・徴税・司法のシステムを構築し、社会秩序の維持と農業生産体制の基盤確立を目指したのである（永渕 1998:38; Schulte Nordholt 1996: 217-230）。

　行政官吏の職に、王族・領主の後継者や近親者、あるいは領主そのものが就くことも、めずらしくなかった。一定の学校教育を修めたスドロ（Sudra）の者が地方を治める官吏として登用されることもあったが、赴任する地域の事情に疎く、地元の人々との円滑な関係構築に失敗するケースもあり、在地の有力者を登用することは、安定した統治のためには効率的であった。そして、上位から末端にいたる行政単位の各レベルを管轄する官庁（kantor）が、地域や村の中心地、つまり王宮の所在する場所やその近辺に、設けられた。王族・領主の成員が行政の役職者であれば、彼らの王宮の既存の建物が官庁として使用されることもすくなくなかった（永渕 2007: 73-78; Schulte Nordholt 1996: 219-230）。

カスト体系の固定化

　ここで、バリのカストについて概略を確認しておこう。カストはブラフマノ、サトリオ、ウェシオ、スドロの4つのワルノ（warna; 色）からなり、

不可触民はいない。ブラフマノは、プダンド（pedanda）と呼ばれる最高司祭を輩出する階層である。サトリオとウェシオは王族・領主の階層と認識される。バリでは、カストと職業がインドほど明確に結びついていない。例外的に、ブラフマノの者だけがプダンドになれるとか、スドロの中にパンデ（Pande）という鍛冶屋のサブカストがあるといった点があるのみである。むろん、そのカストやサブカストの者全員が司祭職や鍛冶職に就くわけではない。

　上位3カスト（以下、高カストと呼ぶ）はトリワンソ（Triwangsa; 3族）と呼ばれ、社会の中心（jero; ウチ）を構成すると認識される。スドロはジャボ（jaba; ソト）とも呼ばれる。トリワンソの先祖はジャワのマジャパイトの支配者層であるといわれるが、これはあくまで伝承上の話である。また、バリ人の9割程度を占めるスドロも含め、バリ人ヒンドゥー教徒は自分たちがマジャパイトに系譜をたどるとするアイデンティティをもつ。高カストとスドロとの間には、儀礼のあり方や敬語のつかい分けに差があるなど、儀礼的・象徴的な位階関係が存在する。ただし、儀礼の規模や豪華さはカストよりも経済力によるところがおおきい。また、こうしたカストによる差異づけは、現在あいまいになりつつある。

　バリの位階秩序は、ワルノの範疇にではなく、個々のタイトル集団——高カストやスドロの一部は日本の名字に相当するタイトルをもつ。タイトル集団は親族集団であると考えればよい——間の上下関係にもとづく。あるタイトル集団がサトリオなのかウェシオなのか、あるタイトル集団と別の集団のどちらが上なのかは、地域によって微妙に異なる。ある地域では王宮一族のチョコルド・アグン（Cokorda Agung）がサトリオの最上位とされるが、隣の地域ではそこの王宮一族のアナッ・アグン（Anak Agung）が最上位とされる、などである。もともとバリのカストはあいまいでフレキシブルな性格をもっていた。19世紀の下克上の時代には、スドロの者が系譜を改竄して上位カストを名乗り、支配者としての地位を正当化することもあった。現在でも系譜の書き換えやカスト上昇はある（Geertz 1959, 1990（1980）; Geertz & Geertz 1989（1975）; Howe 2001; Schulte Nordholt

1996)。

　さて、ププタン直後の時点に話を戻そう。オランダ植民地政府の中には、この高カストとスドロをめぐって複数の見解が存在した。一方では、バリ社会の根幹は一般民衆（スドロ）の生活する村落にあり、高カストは外来者であるから[5]、後者の影響力を除去して体制を組み立てるべきだ、とする立場があった。この考え方は、先に触れたフリーデリヒの議論を根拠にしていた。オランダが旧支配者層を「悪」とみなして武力行使におよんだ経緯からも、こうした考え方は当然のものであった。しかし、他方では、高カストはかならずしも外来者とはいえない、彼らはかつてのマジャパイトの末裔であり、バリのヒンドゥー文化の保護者である、とする立場もあった。この考え方は、ラッフルズにさかのぼる議論を根拠にしていた。しかし、後者の考え方にたいしては、すでに弱体化した旧支配者層に今後の文化の担い手としての役割は期待できないという意見も提起された。要するに、外来者であると考えられた高カストがバリの伝統文化のよき保護者であるという、当時のオランダ側の認識自体に、彼らの処遇をめぐるジレンマの根があったのである。ただ、混乱を回避しつつ、できるだけ速やかに統治を進める上では、既存の古典国家の遺産をもちいることが合理的でもあり、安上がりでもあった（Schulte Nordholt 1996: 230-232）。

　オランダは、古文書の知識に詳しいブラフマノ層の見解や、イギリスのインド統治を参照して、1910年にバリのカストという階層差ないし身分差の慣習を公式に認める決定をした。複雑で地域による差異を伴うバリのカストは、各集団が4ワルノのいずれかに帰属するよう確定させられ、バリ全体で統一的なものに整理された。そして、上位カストには強制労働が免除されるなどの特権や優遇も与えられた。これにたいして、不当に低く扱われたとする集団が地位の上昇訂正をもとめて裁判をおこし、そ

　[5]　オランダ側は、高カストをかつてジャワからバリに来た「外来者」、スドロ層をもとの原住民と捉えたが、バリ人の価値観においては、高カストがウチなる存在（jero）、スドロ層がソトなる存在（jaba）である。ここにも、第4章の最後に触れたオランダ側とバリ側との認識のずれがうかがえる。

の半数ほどの訴えが認められることにもなった。また、この身分差の認定に伴って、下降婚（上位カストの女性と下位カストの男性との婚姻）の禁止とこれを破った者への制裁も強化された。ただし、それは近代的ではないとして、1927 年に植民地政府がこれを緩和する措置を講じた。こうした経緯を経て、４つのワルノに各タイトル集団が帰属し、おおきく支配者層（高カスト）と平民（スドロ）とに分かれるというカスト体制が、植民地時代に形成され固定化された（Howe 2001, 2005; Schulte Nordholt 1996; Vickers 2000（1989）: 109-116, 213-248）。

バリの「宗教」の発見

　以上のような行政体系の構築とカスト再編の一方で、植民地政府は、バリの地域社会における民衆レベルの習慣や儀礼にたいしては、基本的に自由放任主義を採った。こうした対応の背景には、植民地行政官でもあった慣習法学者たちの研究があった。

　中でも、リーフリンク――理事官であり慣習法学者でもあった――の研究は植民地行政官に多大な影響を与えた。リーフリンクは、北部バリでの調査から、バリ社会の原型を階層差のない平等主義的な村落に見出し、宗教活動の舞台となる村落こそバリ社会の根幹であると理解した。実際のところ、カストの位階がないシンプルな村落もあるが、ヒンドゥー王権が十分浸透した中南部地域では、高カスト、地位が低く平民とあまり変わらない高カスト、地位の高いスドロ、地位の低いスドロなどが混在しており、慣習村や集落等が入り組んだ組成をなす村落が一般的であった（第７章）。しかし、植民地政府は、村やカストが複雑で錯綜している中南部の現実はバリ本来のあり方から逸脱しているのだと捉えた。リーフリンクの議論は当時の社会進化論的観点にもとづいており、かならずしも妥当なものではなかったが、植民地行政官らはこれをバリ社会の本質を穿つものと捉えた。とくに、バリ社会の根幹は村落にあり、その村落の中核には彼ら民衆の宗教実践がある、したがって、村落レベルにとくに混乱がなく、民衆の宗教活動つまり儀礼活動が基本的に変わりなく営まれていれば、バリ

の統治はおおむねうまくいっていることになる、と彼らは受け止めていた（Goris 1960a: 93-94; Picard 1999: 20-22; Schulte Nordholt 1996: 230-234, 240-241, 278; Swellengrebel 1960: 14-15 ; Vickers 2000（1989）: 143-146）。

　バリでは、1924年まで植民地政府が宣教師の布教活動を認めなかったため、キリスト教もあまり広まらなかった。チャップリンらがバリを訪れた1930年代時点でも、改宗者は限定的であったことは第1章で触れた。植民地政府が布教を認めない判断をしたのは、バリ社会の根幹にはこの島の独特のヒンドゥーがあるという認識からであった。とくに、慣習法学者であり植民地行政高官でもあったコルンがこの政策判断に関わった。コルンは、バリ研究とバリ統治の両面におおきな影響力をもった。バリの諸地域の慣習法の多様性と個別性を「厚く」記述した彼の『バリ慣習法』は、1930年代のオランダ人植民地行政官がバリの複雑な事象を一望監視するための手頃なマニュアルとなった。複雑でうつろいやすいバリ社会のあり方を詳細に書き記したコルンの著作は、皮肉にも、バリの「伝統文化」を固定化して捉えるオランダ人の認識を強化したのであった（永渕 1998: 40; Picard 1999: 21-22, 2004: 58-59, 69, 2011a: 10-11; Schulte Nordholt 1996: 235, 280; 吉田 2005: 224-225）。

　植民地統治と慣習法研究とが相互作用しつつ深まっていく過程において、オランダ側は次第に、バリ社会にたいする学術的であると同時に統治にも資するひとつの理解を練り上げていった。すなわち、バリ社会の根幹は、マジャパイトの末裔たる高カストの貴族文化や古典国家にではなく、土着の民衆つまりスドロの人々がつくりあげている宗教共同体的な村落にこそある、というものである。これは、穿った見方をすれば、植民地支配の過程で古典国家とその支配体制を消し去ったことを事後的に正当化する理解であった。また、この捉え方は、第1章で触れた、バリ人の社会生活全体の中心軸に儀礼と宗教を位置づける、植民地時代の一般的な理解枠組みの基点に位置するものでもあった。この捉え方は、その後のバリ研究を方向づけるものともなる（吉田 2005）。

　以上のように、植民地政府は、自らが取り組むべき統治の対象を世俗の

領域に限定し、宗教というバリ社会の根幹にあると認識した領域を統治の対象から除外したのである。もともとバリ語には「宗教」と訳しうる語彙はなかった。しかし、植民地時代、アラビア語起源のアガマ（agama）が「宗教」を意味する語としてバリ社会に定着していった。そして、上記のようなオランダ側の捉え方がバリ人官吏や知識人などにも浸透していった。こうした中で、バリ社会の根幹にあるとされる「アガマ」を、植民地政府や官吏が関与すべき世俗の領域から明確に区別する認識枠組みがバリ人エリートにも内面化され、第10章で触れる言論活動を通して定着していったと考えられる。バリ人は、自分たちのヒンドゥー──ヒンドゥーという語がバリ人に知られるようになったのも20世紀の植民地時代である──をアガマとして把握し、これをアイデンティティの核心にあるものと捉えるようになった。これを、バリ人の「宗教」の発見と呼んでおこう（Picard 1999: 30-31, 2011a, 2011b: 139; Wiener 1995: 73-74; 吉田 1991, 2005, 2020a; cf. 柄谷 1988（1980））。

地震とその後の文化復興

　1917年1月21日午前7時前、バリ島南部を大地震が襲った。北部の死傷者はすくなかったが、南部では死者・負傷者とも1,000人以上に上った。家屋や寺院が倒壊し、道路や水田の灌漑水路も破壊された。植民地時代における道路や灌漑設備などの社会インフラの整備は、物流や米の生産向上に寄与していたが、これが各地で寸断され、収穫にも深刻な影響がおよんだ。翌1918年には、世界的なインフルエンザ（スペイン風邪）の流行により、バリでもおおくの死者が出た。さらに、その翌年には、南部バリでネズミが大発生し、地震の年とおなじく収穫の激減をもたらした。当時のある司祭は、19世紀末以来の政治的・社会的な混乱の中で、神々にたいする儀礼の義務をなおざりにしていたことが、南部バリを不浄の状態にし、このために罰せられたのだと記している。神々の怒りがこうした災難をもたらしたのであり、それは植民地支配がもたらした穢れの状態にたいする天罰であると、人々は認識したようである（永渕 1994, 2007:

78-79; Schulte Nordholt 1996: 258-259; Vickers 2000 (1989) : 216)。

ふりかかる災難の中、バロン（Barong; 獅子舞の獅子に似た聖獣）を新たにつくり、これに村を歩いてもらい、見えざる悪を祓おうとする地域もあった。また、おなじ意図から、サンヤン・ドゥダリ（sanghyang dedari）という流行病や凶作を祓うための儀礼舞踊を頻繁に催行するようになった地域もあった。さらに、後述するように、ブサキ寺院（Pura Besakih）の儀礼体系が旧王族を中心に再構築され

植民地時代のブラフマン司祭
（http://hdl.handle.net/1887.1/item:907097）

バロン（中央）とランダ（左右）

ていった。1910年代後半のバリは、混乱と貧困そして恐怖――神はバリを見放したのではないか――が支配した時代であった。予期せぬ社会秩序の動揺に直面した人々は、このような宗教・呪術的手段に訴えたのである。ところが、その後1920年代以降に訪れる人類学者や外国人観光客たちは、こうした人々の臨機応変の対応を、バリの伝統文化の一環として理解したのであった（Schulte Nordholt 1996: 258-259）。

植民地官吏となっているバリ人エリートたちは、政府にたいして、バリ人自らによる秩序回復は不可能であり、政府の主導によって地震で倒壊した建築物を再建してほしいと訴えた。彼らが助成を願ったのは、ブサキ寺院をはじめとする重要な寺院と、彼らが居住する王宮の再建についてであった。ブサキ寺院では、地震直後に神の許しを請う儀礼が行われた。そし

て、周辺地域を治める領事が集まって話し合い、理事官にたいしてブサキ寺院の復興を願い出る文書を全バリ人の名において提出することにした。これにたいして、理事官側は、旧王族にかぎらず司祭なども含む各界のバリ人代表を招

ブサキ寺院本殿

集した会議を開き、この問題はバリ人の宗教問題なのでバリ人側の主体的な関わりにおいて対処していくとした。この措置の背景には、「宗教」を統治の対象から切り離すという先に述べた点があったと考えられる。そして、1918 年の東インド総督のバリ来訪をきっかけに、バリの伝統文化保存政策や旧王家の復活策が検討されはじめる。理事官やバタヴィア学術協会が、文化保護という点で、とくにブサキ寺院の復興を重視したこともあり、政府は文化的価値を有する建築物の復興助成を決定した（永渕 1994, 2007: 79-85; Schulte Nordholt 1996: 263; Stuart-Fox 2002: 300-304)。

　王宮についてはやや複雑な点があった。王宮は、旧王族・領主たちの屋敷であるという点では私的なものであったが、それが官庁を兼ねている場合には公的なものでもあったからである。ギャニヤール領事が具体的な数字を示して王宮再建の費用を政府に負担するようもとめたことを受け、協議の結果、政府は助成を決めた。ただし、1920年代に入って理事官が交替すると、この助成予算は打ち切りとなり、その後はもっぱらバリ人の手

ギャニヤール監督官の住居（1920 年代）
(http://hdl.handle.net/1887.1/item:904660)

で再建が進められることになった（永渕 1994, 2007: 82-85）。

　ここで興味深いのは、植民地政府の中に、地震後のバリ文化の復興をめ
ぐってさまざまな見解があった点である。復興計画の中心人物であった民
間人のモーエンは、文化財としての重要性を考慮する視点から、王宮復興
の予算見積もりを行おうとした。彼は、バリのバリらしさを復興させるべ
きと考えていた。しかし、バタヴィアの植民地政府は、官庁機能を担うが
ゆえに王宮の再建が必要なのであって、王宮らしさが復活すれば、民衆に
王の権威が復活したと受け取られるのではないかと危惧した。また、一般
の民衆には援助しないのだから、旧王族・領主の王宮にも政府が援助する
必要はないとする立場もあった。しかし、これには、オランダ政府のバリ
統治の正統性は先行する王国の統治を引き継いでいるという点にあるので
あって、再建には責任をもつべきだという意見が出された。さらに、モー
エンの主張に否定的な立場もあった。つまり、モーエンはオランダ人が考
える真正なバリ文化という、いままでバリには存在しなかった「文化の怪
物」をつくりあげようとしている、それは不要であり、ある意味では危険
である、バリ人がバリらしい特徴をもった寺院や王宮を自力で復興する力
はある、というのである。ほかに、バリ文化はバリ人にとって自由な変容
を遂げていくものであって、外部のオランダ人が文化保護を訴えて政策を
実施すべきではない、原則は非介入・放任主義でいくべきだ、という立場
もあった。しかし、これには理事官が強く反対した。結局、植民地政府は、
モーエンや理事官の見解に沿って、バリの文化を植民地政府が率先して保
護していくという方針を採用した（永渕 1994, 2007: 85-98）。

　旧王族・領主からなるバリの有力者たちは、諸王の敵対によってブサキ
寺院の運営や儀礼の催行を怠ったことが神の怒りを招き、天罰としての地
震をもたらしたのであり、今後はオランダの協力を仰ぎながら、全バリ人
の参加によってブサキの再建と儀礼執行に取り組んでいきたいという旨を、
理事官に出した文書の中で述べた。ブサキ寺院は、ここにバリ宗教文化復
興の象徴としての位置づけを獲得したのである。ただし、ブサキ寺院がバ
リ人ヒンドゥー教徒全体にとっての総本山的性格を獲得し、共同管理とい

う体制によって運営されていくようになったという点それ自体は、決して復興なのではない。むしろ、それは新規の体制なのである（永渕 1994: 274-276, 278-281; Stuart-Fox 2002: 297-309)。

バリのバリ化

　地震後の文化復興の後には、教育面におけるバリ文化保存政策も採用された。植民地政府は、1920 年代になると、なお未開的特徴をもつこの社会においては、高等教育を施すよりも初等教育を拡充するほうがよいという方針を採り、地域におおくの学校を建設するようになった。その場合、私立学校も含めて、こうした原住民教育にはひとつの共通点があった。それは、オランダ式の近代教育をそのまま導入するのではなく、忘れ去られつつあるバリの伝統文化の保存や発展に寄与するよう、バリの伝統的な絵画・舞踊・歌謡・文学を積極的に教育に取り入れていこう、という動きである。さらに、教育以外の領域においても、バリの伝統・文化・慣習を保存・強化していくべきことが指摘され、公的な建築物を建てるときはバリ風の建造物にすることなどが志向された。このバリ文化の保存や育成に向けた取り組みは、バリの「バリ化」と呼ばれた（Howe 2005: 18-20; 永渕 2007: 127-130; 中村 1990)。

　バリのバリ化は、オランダ側がバリの伝統文化とみなしたものをバリ人側に示し強要するという、ある種の倒錯をはらんだものであった。また、そこでバリ的な建築物とされたものは、ジャワや中国文化の影響を受けてある時代に様式化されたものにほかならなかった。こうして、オランダ側のまなざしを基点に、特定の文化の局面が切り取られ、バリの「伝統文化」が指定され確定していったのである。バリの文化がいっそうバリらしくなっていく過程は、植民地時代のバリ化にひとつの起源をもつのである。

　植民地政府は、1929 年に、旧王の地位に相当する 8 名をそれぞれの国（negara, stadt）を担当する「行政官」とした。オランダ側は、旧王族・領主層は過去も当時も政治的権力をもたず、宗教文化の領域を指導する存在にすぎない、と認識していた。ただ、旧王族・領主層は、オランダが政治

と宗教を切り分けたことを背景に、宗教文化の領域でたがいのプライドを
かけて戦ったのであった。むろん、すべての旧王族・領主層の羽振りがよ
かったわけではない。しかし、主要な王家と領主たちは、ブサキ寺院や自
身の国や地域の大寺院の祭祀を復活させ、舞踊や音楽などの宮廷文化を活
性化させ、文化保護者としての自らの地位や権威を再確立していった。ま
た、彼らは親族の官吏登用と土地所有の拡大も進めた。植民地政府は、こ
の彼らの動きを事実上放置した（永渕 1996: 56-57; Stuart-Fox 2002: 305-
307）。

　高カストによるこうした華やかな宗教文化の活性化の一方で、1930 年
代のバリの民衆は世界恐慌後の経済不振や凶作に直面していた。この時期
のおおくのバリ人は貧困の中にあった。彼らは、油の代わりにヤシの殻を
燃やしたり、高価な腰布を巻くことをやめて安価な日本製のズボンをはい
たりした。徴税にも中間搾取があったようであり、税の滞納や負債から、
田地を売って小作人となる者もいた。そして、そうした田地を買い取った
のは、高カストら一部の有力者であった。経済的に豊かな高カストの一族
は、大々的な儀礼を催行しその力を誇示することができたが、それは、彼
らひと握りの富裕層と土地なし貧困層との格差の拡大に支えられていた
のである。バドゥンのある地域では、経済的困難と儀礼義務に耐えられな
くなった村人が集団でクリスチャンに改宗するという出来事も起きた。こ
うしたバリ人にふりかかる苦難に注意をはらうコルンのような植民地行政
官もいたが、それをまったく理解せず、バリ人は恐慌後に昔の状態に戻っ
ただけだと考える理事官もいた。バリを訪れていた観光客や、ベイトソン
のような研究者も、当時のバリ人の困窮には無関心であった。彼らは、バ
リをすぐれた芸術文化をもつ楽園と捉えたが、おおくのバリ人にとってこ
の 1930 年代は暗くみじめな時代であった（永渕 2007: 101-104; Robinson
1995: 52-69; Schulte Nordholt 1996: 285-291, 2000: 272-275）。バリのバリ
化は、そうしたバリ人の苦難の傍らで上から進められた文化政策であった
といえる。

　植民地政府は、1938 年に植民地の行政単位を再編してバリを「大東部」

に編入するとともに、バリの8人の旧王位者を「自治官」に任命し、彼らの自治権と王としての地位を正式に認めた。王の地位を認めたことは、当初の武力行使を伴ったバリ支配の理由づけの根幹に関わる問題であり、そこには異論もあったが、バリ人支配者を立て、バリ式に統治を行うことで、最終的に合意がなされたのであった。

　この自治権承認の儀礼は、この年のガルンガンの日（第9章）にブサキ寺院で催行された。供物が用意され、ブラフマノ司祭がマントロ（mantra; 呪文／真言）を唱え、バリ人の参加者もオランダ式の制服を着、写真を撮り、シャンパンを飲んだ。このバリ式とオランダ式の交差した儀礼は、オランダ側とバリ人有力者との共同作業の中でバリの宗教文化が再構築された過程を象徴するものであった（永渕 1998: 20-24; Schulte Nordholt 1996: 307-310; Stuart-Fox 2002: 305-308）。

おわりに

　本章では、植民地統治のはじまりから1930年代の間接統治体制の確立までをみてきた。村・行政・カストの体制が固まり、「宗教」の領域が統治の対象領域から切り離され、地震後には宗教文化が再興され、バリのバリ化が進められた。この宗教文化の再興の中身は、民衆レベルにおけるバロンやサンヤン・ドゥダリによる穢れの払拭、王族・領主レベルにおけるブサキ寺院の祭祀体制の構築や王宮ゆかりの寺院祭祀・宮廷文化の再活性化などであり、神の怒りにたいする危機感に由来するものと、高カストの権威の再確立と富の偏在によるものという、異なる性格の現象が折り合わさったものであった。しかし、そうした差異に無頓着な欧米から来る観光者や人類学者は、これらをひと括りにし、どれもが生き生きとしたバリの真の伝統文化であると捉えたのである。次に、それを、植民地時代の観光化に即して確認することにしよう。

第6章
終焉の後のはじまり

　第1章であらかじめみたように、「古きよきバリ」にノスタルジックな憧れを抱く——とともに、近い将来のさらなる滅びを憂いつつ秘かに期待もする——欧米人観光者がこの島を訪れるようになったのは、ププタンによる古典国家の終焉後である。彼らは、近代的な制度や技術に支えられた旅行を楽しみながら、いにしえのマジャパイトの文化を残す楽園バリにやってきた。第3章では、原初の楽園の実在性が否定された後に、絵画・小説・紀行文などを媒体とした想像力の次元で地上の楽園が復活し、これが南の島の楽園観光へとつながったことを確認した。バリの観光化もこうした流れの中にあった。古典国家という実在が失われた後だからこそ、そのイメージや残像をもとめる観光がはじまったのである。本章では、この終焉の後の楽園観光のはじまりについて記述する。

忘れられないエデンの園
　第一次世界大戦後、荒廃したヨーロッパの外に慰安を見出す観光が、西欧の上流階級に広まった。第3章で述べた南海の楽園というイメージに加え、胸をさらした女性が醸し出すエキゾチックで官能的な魅力は、バリ

を次第に観光目的地のひとつ
に押し立てていった。

　オランダ植民地政府は、不
名誉なププタン事件の後に、
バリの文化保護と社会体制の
回復に成功したことを内外に
示すことになるという意味も
あり、やがてバリを観光地と

ブレレン港付近を航行する KPM の船
(http://hdl.handle.net/1887.1/item:691838)

して売り出すようになった。バリ観光を担ったのは、植民地政府と強い
関連をもつオランダ王立郵船会社（Koninklijke Paketvaart Maatschappij, KPM）
であった。KPM がはじめてバリを東インド観光の広告パンフレットに盛
り込んだのは 1914 年である。KPM が作成するその種のパンフレットや
ガイドブックには、熱帯の森・ヤシの木・水田の風景の写真とともに、次
のような文言がつかわれていた。「バリ／あなたはこの島を立ち去るとき、
悲しみのため息をつくでしょう／あなたはずっとずっと、このエデンの園
を忘れられない」（Vickers 2000 (1989)：146-149）。

　オランダでは、アールヌーボーに与するアーティストであったニューエ
ンカンプが、紀行文と絵画・版画で彩られた著作をいくつも出版し、楽園
バリの具体的なイメージ――ヤシと田園の風景、しなやかな身体の若者、
エキゾチックな芸術、突如クリスをもって自らの胸を刺すトランス（第 8
章脚注 8）、民衆とは異なる衣装に身を包み秘儀的な儀礼を執行するブラフ
マノ司祭など――を伝えた。ただ、欧米においてより強い影響力をもった
のはクラウゼの写真集であった（第 1 章）。この写真集は、オランダ語や
フランス語にも翻訳され流通した。クラウゼは、写真とそこに添えた文章
を通して、田を耕し、稲の女神デウィ・スリ（Dewi Sri）に祈りをささげ
る農民、寺院、舞踊、火葬、トランス、そして半裸の女性といった定番の
主題をとり上げた。1988 年に出版された『Bali 1912』には、当時未発表
であった写真も収録されている。クラウゼの写真集は、自然の中で雄々し
く生きるバリ人の姿やその宗教文化を生き生きと伝えた（Carpenter 1998;

Krause 1988（1920），2018（1922）；Krause & With 1992（1922）；Vickers 2000（1989）：159-166,（28）-（29）；cf. Jensen (ed.) 2007）。

　KPM は、1924 年にオランダ領東インドの主要なスポットを周遊する観光目的の定期船を就航させた。この定期船は、金曜の早朝にバリのブレレン港に到着し、次の寄港地であるスラウェシのマカッサルに向かった。帰りの便は日曜の夕方にブレレン港に到着し、ジャワのスラバヤに向かった。短期の観光者は、この 3 日間にバリ観光を済ませた。KPM はバリ島内での観光事業も展開していった。こうして定着したバリ島ツアーの基本は、湖・火口・村落などの自然や景観の観賞と、王宮・寺院・古代遺跡を見学する文化観光とを組み合わせたものであり、バリ化政策との関連で政府が奨励した絵画や彫刻が、観光者の買うみやげ物として人気を集めた。ガムラン音楽と舞踊からなる観光者向けのショーも、1920 年代末には定着した。現在ある観光者向けの芸能（音楽、舞踊、劇）や美術工芸品（絵画、彫刻）の原型は、この時代にさかのぼる。1927 年からは火葬見学ツアーもはじまった（永渕 1998: 67-82; Vickers 2000（1989）：154-158）。エコツアーやサーフィンなどのマリンスポーツをのぞけば、今日のバリ観光のおもだった要素は、この植民地時代に整えられたのである。

パリでの植民地博覧会

　ここで、バリからいったん視点を転じ、1931 年にパリで開催された植民地博覧会について触れておきたい。1889 年にもパリで植民地博覧会が開催されていたことは第 3 章で触れたが、1931 年の植民地博覧会では、バリの文化や芸術がオランダ館の展示の主要部分を占めたのである。

1931 年パリ植民地博覧会オランダ館
(http://hdl.handle.net/1887.1/item:854103)

オランダ館の展示は、当初からバリ中心と決まっていたわけではない。展示企画の作業を進めたスタッフの中にはブサキ寺院などの復興作業を終えてオランダに帰っていたモーエンがいたが、彼を含め、当初はジャワをメインに据える考えだったようである。しかし、展示案を公募し、採用されたのがジャワ在住の建築家によるバリの寺院をもとにしたプランであったこと、そして目玉となるはずの舞踊団も、ジャワとバリの混成チームの計画がジャワ側の突然のキャンセルによってバリ人のみの派遣となったことから、結果的に文化面でバリがメインとなったのである。ショーを演じた舞踊団は、ウブド隣村のプリアタン（Peliatan）の若いチームであった。博覧会の東インド側の作業部会のメンバーに、プリアタン領主家の分家にあたるウブド領主がいたことが、このチームに白羽の矢が立った背景にあると考えられる。このプリアタンの舞踊団は、猛特訓をして博覧会に臨み、レゴン・ダンスとチャロナラン（Calon Arang; 王国を舞台にした悪魔祓いの儀礼劇）を中心とした演目を上演した（永渕 1998:86-134）。

　オランダ館（主展示館）は、博覧会の展示開始からひと月後、火災で焼失する。しかし、主展示館の再建を進める中、類焼をまぬがれた会場でバリ人の舞踊劇が上演され、これがオランダ館の面目をつなぎとめることとなった。彼らの音楽と舞踊は、ドビュッシーの音楽に多大な影響をおよぼし、後述する音楽家マクフィーや人類学者ベロらにバリ行きを決意させる契機となった。名声を獲得したこのチームは、バリに凱旋後、各地から上演依頼を受け、観光者の泊まるホテルで演奏するなど、音楽と舞踊の流行を支えた（永渕 1998: 204-206; Vickers 2000（1989）: 174）。

バリ観光の定着と文化の商品化

　ふたたびバリに目を向けよう。1928 年には、バドゥン（デンパサール）に観光者向けのバリ・ホテルが開業した。ププタンを記念する広場を正面に臨むこのホテルでは、西欧式の食事が出され、夜には周囲の村の者がガムラン音楽と踊りのショーを上演した。1932 年には、ププタン広場を挟んだ向こう側に、バリの建築様式を採用したバリ博物館が建設された。そ

の設計にはモーエンが、展示にはシュピースが協力した。1930 年代には、バリの王族や欧米人の経営する民間ホテルもいくつか建設されるとともに、大手旅行会社がそれぞれバリ観光ツアーを企画するようになり、不定期ツアーも増えていった。欧米において楽園バリのイメージは着実に浸透し、バリ観光はある種のブランドと化した。また、バリ観光が軌道に乗るにつれて、自然や村落の風景よりも儀礼や舞踊・音楽などバリ独特の文化の鑑賞が比重を増し、観光の重心も南部バリに移動していった。KPM は当初、胸をさらした女性をシンボルにし、タヒチのイメージでバリを売り出そうとしたが、その戦略は外れ、文化観光を志向する観光者がバリを訪れるようになったのである。1920 年代後半に年間 1,000 人をこえる程度であった観光者は、1930 年代後半に、ある試算では年間数千人に、別の試算では年間数万人に、増加した。当時としては、月 100 人程度としても、バリ観光の吸引力は相当な規模であった（Mead 1970（1940）: 332-333; 永渕 1998: 77-82, 86-134; Vickers 2000（1989）: 156; 山下 1999: 44）。

　バリに来た観光者は、当時大流行していたクビャール（kebyar）系の音楽・舞踊を鑑賞した。クビャールは、世紀の変わり目にブレレンで生まれ、たちまちバリ中を席巻した。チャップリンがバッハの二倍の速度と記したのは、このクビャール系の音楽である。高くて軽い音をときにハイテンポで演奏するところに特色があり、植民地時代のバリ北部ではこの種の曲と舞踊が多数生み出された。ガムラン奏者でもあったタクシー運転手がこれを南部に伝え、巧みな上演とアレンジで名を馳せる奏者と踊り手が出

クビャール系の舞踊（1930 年代）
座ったまま上半身で踊るタイプのクビャール
(http://hdl.handle.net/1887.1/item:904332)

現した。植民地時代はバリの舞踊・音楽のルネサンス期であったといわれる。もともと音楽や舞踊は神へのささげものであったが、クビャールの大流行は、当時の観光化と相まって、宗教儀礼から離床した世俗的な舞踊や音楽を成立させた。奏者や踊り手にとって、外国人向けの上演は名誉心をくすぐるとともに手頃なビジネスの機会ともなった。演奏チームのスポンサーである王族や領主にとっても、地元のガムランが高い評価を得ることは威信の獲得につながった（永渕 1998: 114-116）。

　観光者たちは、こうした村の民衆たちが演じるめくるめくシンコペーションのガムラン音楽、可憐な少女の舞い踊り、宮廷時代を題材とした古典的な演劇などの芸能・芸術を、いにしえのマジャパイトに由来する宗教文化の賜物であり、地上の楽園バリを彩る精華であると捉えた。こうしたまなざしは、観光者が買いもとめた絵画・彫刻などのみやげ物にも向けられた。ただし、バリ人が芸術活動に取り組んだ背景には、経済的な余力をもった王宮がスポンサーとなったことに加え、当時の人々が経済的な苦難を抱えていたこともあったと考えられる。おおくのバリ人は貧困の中にあり、それゆえそうした芸術作品（と欧米人に捉えられるもの）をつくって売買したのである。しかし、観光者たちは、人々の芸術への取り組みとその産物を同時代の社会経済状況に位置づけて捉えようとはせず、バリ人の民族性に由来するものとして理解した。こうして、絵画や彫刻を含め、バリの文化や芸術は観光地で売買される商品となった。

シュピースとバリ芸術のルネサンス

　バリに来る観光者は次第に増えていった。短期・中期の旅行者がおおかったが、中には長期滞在する者もいた。その中で、バリの芸術や文化をこよなく愛したヴァルター・シュピースに、ここであらためて焦点を当てておきたい。

　シュピースは、1925 年に一度バリを訪れ、1927 年からバリで暮らした。同性愛者であった彼にとって、若いバリの恋人を伴った暮らしは心地よいものであった。ただし、年少者との性交の罪で起訴され、しばらく独房で

シュピースの絵画
（http://hdl.handle.net/1887.1/
item:852449）

　暮らしたこともあったが。当時の欧米では、同性愛は自然に反する犯罪行
為であるとみなす風潮があった。バリは同性愛者の楽園というイメージで
も捉えられるようになっていたのであり、これも欧米の男性がバリに惹か
れる隠然たる魅力のひとつであった（Vickers 2000（1989）: 169-171, 200-
201; 山下 1999: 45）。
　シュピースは、中部のウブド周辺に滞在し、バリの風景画を描いた。そ
して、オランダ人画家のボネとともに西洋絵画の技法をバリ人に教え、観
光者向けのみやげ物としてバリ人が描く絵画の品評会を毎週開き、絵を買
い上げてホテルやみやげ物店に売却したり、東インドや海外の展覧会に出
品したりした。また、スーツケースに入る手頃なおおきさの絵を描くこと
も奨励した。多彩な才能をもつシュピースは、イギリス人のデ・ズーテと
バリの舞踊・演劇についての民族誌を書き、音楽についてはカナダ人のマ
クフィーと関心を共有し、『バリ島物語』を書いた小説家バウムや、バリ
関連の著作もあるアメリカ人舞踊家マーションとも交流し、バリのフィー
ルドワークに来た人類学者のミードと夫のベイトソン、ベロ（マクフィー
の妻であった）、オランダ人官吏兼慣習法学者らとも親交を深めるなど、バ
リの文化・芸術に関心をもつ欧米人たちの要の位置を占める存在であっ
た[6]（伊藤 2002; McPhee 1990（1946）; 小沼 2007; 坂野 2004; Vickers 2000

(1989)：169-201; 山下 1999: 44-48; Zoete & Spies 1938)。

　バリ人画家たちは、欧米人が好む「伝統的なバリ絵画」のポイントをシュピースらから学び、これを描くことで定期的な収入を得ることができた。欧米人は、近代西洋絵画とは異なる平板なパースペクティヴで描かれたバリ絵画をみやげ物として好んで買った。ただし、こうした絵画は、バリの伝統と欧米人が評価するであろうものを、バリ人画家が予期して描いた作品群であった。絵画だけではない。舞踊、ガムラン音楽、彫刻など、欧米人から高い評価を得たバリ芸術は、西洋人のまなざしによって価値を見出され、そのまなざしを内面化したバリ人によって洗練されていったものである。植民地時代のバリ芸術のルネサンスは、こうした過程の累積によるものであった。それは、各種のみやげ物も含めて、現代にまで継続している。バリの観光地において観光者に提供される事物は「観光者のまなざし」(Urry & Larsen 2014（2011））の鏡なのであって、素朴な意味での過去からつづく伝統文化なのではない。

　シュピースと上述のバリ愛好家・人類学者たちは、バリの文化や芸術を共同で研究した。彼らは、村落共同体と宗教を基盤とし、一介の村人までが芸術家であるような、独特の伝統文化を育む社会としてバリを捉え、それぞれが著書等を通じてこうした理解を発信した。彼らにとって、バリは宗教と芸術に満ちあふれた豊かな楽園であり、バリ人は高貴な未開人であった。そして、やがて滅びるであろうこの地上の楽園に残された固有の文化を、すくい上げ書きとめておく必要があった。第1章で触れたコヴァ

....

※6　シュピースとボネのその後に触れておく。シュピースはドイツ人であったため、第二次世界大戦がはじまると、オランダ植民地政府によって敵国人として捕えられた。そしてその送還船が日本軍戦闘機の攻撃によって沈没し、死亡した。オランダ人であったボネは、第二次世界大戦後に日本軍から釈放され、1947年にウブドに戻り、当時のウブド領主らに協力し、1956年に開館するウブド王宮直営の美術館（Museum Puri Lukisan）の立ち上げに関わった。しかし、スカルノ大統領の肖像画を描くことを拒否したこともあり、翌1957年にインドネシアを去った。1978年に病死したボネの遺灰はバリに持ち込まれ、このウブド領主の1981年の火葬の際にともに荼毘に付された（坂野 2004: 396-412; Spruit 1997（1995）：40-44, 109-111; 吉田 2019: 75)。

ルビアスの『バリ島』がベストセラーとなったのは、ここに読者が期待する楽園バリの姿がありありと描写されていたからである。フィジーやサモアやハワイではなく、バリこそが真の南海の楽園であるとする認識が、欧米に浸透していった（Covarrubias 2006（1937）; Hanna 2004（1976）: 196）。

　シュピースらは、単にバリ文化を記述することで楽園バリの商品化に貢献しただけではない。バロンとランダが登場するチャロナラン劇を簡略化し脱儀礼化したバロン－ランダ劇や、チャッチャッという男性コーラスとラーマーヤナのダイジェスト版の舞踊とを組み合わせたケチャッ（Kecak）は、いずれもシュピースが関わる中で、バリ人により観光者向けのショーとなっていったものである（Picard 1996）。観光者は、それらをバリの「伝統文化」とみなして消費した。つまり、シュピースらはバリの「伝統文化」を探究しつつ、自らそれをつくり出してもいたことになる。結果論かもしれないが、バリ文化を研究したり記述したりすることは、当の文化をつくりかえることにつながった。拙書では、研究対象の中に当の研究活動それ自体が自己言及的ないし再帰的に立ちあらわれるという問題を主題化した（吉田 2005）。

バリ人にとっての観光・観光者

　以上、戦前（第二次世界大戦前）の観光地化について記述した。本書の後半で触れる戦後の観光開発を念頭におきながら、ここでは4点を指摘し、まとめとしておきたい。

　第1点は、第1章であらかじめ触れた点であるが、バリの楽園観光地化がこの社会の近代化の一環にほかならないという点である。既存の古典国家が打ち倒され、全島的な植民地支配体制が確立されて、はじめてバリの観光地化が成立しえた。船舶や自動車などの移動手段、港や道路などの交通インフラ、西欧スタイルの宿泊や食事を提供するホテル、バリ独特の芸能・芸術のショー、西欧とバリのスタイルが融合した絵画などのみやげ物など、これらはいずれも、植民地体制下において欧米の制度・技術・文

化がバリに移植され、成立・定着していったものである。しかし、ここにあるバリ社会の変化は、欧米人観光者のまなざしからは見えなかったようである。彼らは、バリ社会の近代化は見えないが伝統文化は見えるという色眼鏡をかけていたといえる。

　第2点は、当時の観光がバリのごく一部の地域や人々が関わる社会現象であったという点である。観光者の訪問先は、ブレレン（シンガラジャ）とバドゥン（デンパサール）および島内のいくつかの観光スポットにほぼかぎられた。観光に関わったバリ人も、タクシー運転手、みやげ物製作者、芸術家、ホテルや店舗の従業員や経営者などにとどまった。観光者も、年数千人程度、おおく見積もっても年数万人程度であった。それは、当時の海外観光としてはかなりの規模ではあった。ただ、バリ人の生活圏の大半は観光と無縁であった。当時と、おおくのバリ人を巻き込んで社会に深い影響を与えている20世紀後半以降の観光状況とは、その規模もバリ社会に与えるインパクトも、格段に違っていた。

　欧米人の観光者や人類学者たちは、本章で触れたニューエンカンプやクラウゼ、あるいは第1章で触れたチャップリンやコヴァルビアスらが注目したような楽園バリの現実を目の当たりにした。ある者はその楽園らしさの持続に驚嘆し、ある者はその滅びの予兆に失望したが、いずれにせよ、彼らにとってバリは地上に残された楽園であり、バリ人は高貴な未開人であった。では、バリ人側はこうした観光者や欧米人をどのように捉えていたのだろうか。これが第3点

ラーマ（左）とラクササ（右）
影絵劇では、正義のヒーローはハルスに、ラクササはカサールに、それぞれ対照的な形象を施される。ラーマーヤナの主人公ラーマは前者の代表である。

である。これを伝える資料はかぎられているが、総じてそのイメージはネガティヴなものであったことがうかがえる。たとえば、当時のバリ人芸術家は、西欧人をラクササ（raksasa; 鬼）のイメージで捉え、絵画や彫刻に表していた。バリやジャワでは、神話や叙事詩の英雄はハルス（halus; 繊細、上品）な存在で、細身で目鼻立ちがきりっとしている。逆に、その敵となる邪悪なラクササはカサール（kasar; 荒い、粗野）で、鼻や目も体全体も不釣り合いにおおきいのである。また、当時の知識人は、観光者の往来によって道路が損壊したり、観光者がバリ人女性の裸の上半身を写真に撮ったり、それが絵葉書などにつかわれていたりする状況に不満をもっていた。当時のあるバリの詩人は、この島の近代化や観光地化に当惑する民衆、バリ島の美しさや豊かさとそこに暮らす人々の貧しさや無知との組み合わせを、詩の中に描いていた（Putra 2011: 82-86, 230, 291-294）。

　植民地時代、バリ人にとって観光や観光者は肯定的には捉えがたいものであった。植民地時代から戦後まもなくまで、バリやインドネシアではオランダ語の tourisme が観光を意味する語としてつかわれていた。しかし、1961 年には、サンスクリット由来の pariwisata がインドネシア語に取り込まれ、観光を意味する語として定着した（Vickers 2011: 477, 478）。観光を肯定的に捉え、これにバリ社会が主体的に向かい合うようになるのは、戦後の大衆観光時代からであると考えてよい。

　この戦後の観光については、あらためて第 11 章以下で記述する。ここでは、第 4 点として、戦前の植民地時代におけるバリ観光と戦後の大衆観光時代におけるバリ観光の間にある、連続性と不連続性の両面を確認しておきたい。連続性は、前者の時代の観光形態の大半が現在にまで引き継がれ、バリを楽園とみなすイメージが持続しているという点にある。楽園イメージとバリ観光は、第二次世界大戦前後の混乱が収まる 1950 年代以降に復活するのである。一方、不連続性は、インドネシア共和国政府による戦後のバリの楽園観光地化が、戦前とは異次元の全島的な影響力をもつ開発へと行き着くものとなった点、観光による経済発展の恩恵をバリ人が主体的・肯定的に捉えるようになった点にある。ただし、観光にたいする

この戦後の肯定的な受け止め方こそ、第3章で論じた支配や隷属関係の浸透にほかならないのである。

　以上、第4章〜第6章で、植民地時代における歴史的諸事象について記述した。次に、宗教文化を主題とした第3パートに入る。まずは、バリの地域社会や村についての整理からである。

第7章 複雑な村落社会に生きる

　バリの地域社会は複雑かつ多様である（Geertz 1959, 1964）。とくに人口のおおい中南部地域では、バリ人は複数の社会組織に帰属し、かなり厳しい規律や規範を守って生きている。ただ、北西部ではムスリムのバリ人が一定数おり、比較的シンプルな地域社会のあり方を示すところもあって、バリ全体をひとつのパターンで捉えることは難しい。こうした複雑さと多様性は、オランダの植民地支配を受ける前の時点にすでに形成されていたと考えてよい。当初、欧米人はバリ人を「未開人」のイメージで捉えていた。しかし、戦前の慣習法学者や戦後の人類学者による村落調査が蓄積され研究が進むにつれて、そうしたイメージとは裏腹の現実が浮かび上がってきたのである。さらに、第5章で述べたように、植民地時代に行政村組織の導入があるなど、歴史の中でその複雑さに拍車がかかったという点もある。本章では、中南部地域に焦点を当て、バリの複雑な地域社会のあり方を概観することにしたい。

バリ人にとっての宗教と慣習
　地域社会についての記述に入る前に、まず「慣習」と「宗教」という基

本概念について押さえておきたい。

　第5章では、宗教を意味する「アガマ」という語が植民地時代にバリの知識人に浸透したことに触れた。このアガマと対になる語として「アダット」（adat）がある。アダットは「慣習」つまり地域の独特の伝統を意味するアラビア語起源の語で、アガマとともにいまはインドネシア語にとり込まれている。今日のバリ人やインドネシア人は、自分たちの社会生活がアガマとアダットから成り立っており、宗教生活もアガマとアダットの組み合わせから成り立っていると考えている。アガマに相当するのは、神への信心、祈禱、教義の根本など、宗教生活の普遍的・本質的な部分である。宗教の中にあるアダットに相当するものとは、儀礼、供物、装飾、慣習衣装など、地域や時代により多様な、いわば非本質的部分である。ただし、アダットはできるだけ尊重されるべきものである。こうした考え方は、戦後の宗教改革の中でバリ人社会に浸透していった。それについては第10章であらためて述べる。

　バリでは、このアダットが実に豊かであり、かつ地域により実に多様である。これをあらわすものとして「デソ・カロ・パトロ」（desa kala patra）という慣用句がある。デソは通常「村」を意味するが、この場合は地域や場所を意味する。カロは時や機会を、パトロは状況を意味する。地域／場所（デソ）や時／機会（カロ）によって状況（パトロ）は異なる、というのである。バリ文化のひとつの特徴はこの多様性にある。ただし、その一方で、昨今では宗教活動の標準化といえる特徴も見られるようになっている（第8章・第10章）。

　アダットの例としては、色鮮やかな花や果物をあしらった供物や、ヤシの葉を見事に刻んでつくった飾りなどが挙げられる。それらは地域によってさまざまなバリエーションを示す。また、儀礼の中にはさまざまな象徴的行為が見られる。たとえば、埋葬後や火葬後に行う、死者の霊との関係を切断するムプガット（mepegat; 切る）儀礼では、死霊のシンボルをもった者が2本の枝の間に渡した糸を歩いて切る。これは、死者の霊がこの世から移行したことを象徴的に表現しかつ遂行する行為なのである。これ

らは、バリ人の宗教の重要な要素ではあるものの、アダットであって宗教の本質的な部分ではないのである。

　植民地時代、このアダットとアガマという概念は、知識人をこえて末端の人々にまでは浸透していなかったと考えられる。しかし、現在、アダットとアガマからなる宗教生活という捉え方はごく一般的なものである。したがって、かつてもいまも観光者は、儀礼の中に登場する供物、舞踊、儀礼行為などにバリの「宗教」の特徴を看取するが、それは、現在のバリ人にとっては言葉の正確な意味での「宗教」的要素ではなく、アガマの中にあるアダットの部分なのである。異文化理解に関心のある読者は、このバリ人やインドネシア人の捉え方を理解するとともに、自身がバリ宗教にたいしてもっていたこれまでの理解とのギャップについて考えていただければと思う。

慣習村と集落

　では、バリの地域社会についてみていこう。まずは慣習村と集落についてである。

　日本語の「村」は、地方、生活圏としての地域社会、自然村、行政村といった複数のニュアンスをもつが、バリ語の「デソ」も同様に複数のニュアンスをもつ。日本で自然村と行政村の範囲がずれることがあるように、バリでも自然村に相当する慣習村（desa adat）と、植民地時代に組織されインドネシア共和国に引き継がれた行政村とがずれることはしばしばある。ただ、日本と異なり、バリでは日本語の村に相当する社会組織がほかにもある。バンジャール（banjar adat）であり、本書ではこれを「集落」と表記する。地域社会にはほかにも社会組織があるが、そのおおくは寺院を保持しその祭祀に関わる集団である（Geertz 1959; Goris 1960a）。

　ここでいう「寺院」はバリ語のプロ（pura）である（第9章）。寺院や、後述する屋敷寺の内には、神の座所となる多数の祠・社・祭壇と、人々が儀礼や祈りをするためのスペースがある。この点で、プロは日本の寺院よりも神社に近いが、これまでのバリ研究にならって寺院と表記する（Goris

1960b)。

　慣習村は、村長――その名称は地域により多様である（ex. klian adat, bendesa）――ら役員を中心に定期的な集会をもち、慣習村法規（awig-awig desa adat）を順守するとともに、慣習村の寺院や墓地の維持管理と祭祀運営その他の行事を相互扶助（gotong royong, ngopin）の仕組みで営む組織である。居住地も慣習村または集落のものであり、それを人々は借りていることになる。慣習村の入り口にはしばしば村の境界を示す標示がある。人々の帰属意識も、まずもって慣習村にある。慣習村は、人々の社会生活の一義的な枠組みをなす組織といえる（鏡味 2000: 24-35, 51-63, 217-235）。

　慣習村の寺院として重要なのが、カヤンガン・ティゴ（Kahyangan Tiga）と呼ばれる3寺院である。この3寺院は、村の集会所を兼ねるプロ・デソ（Pura Desa）、村の草分けの祖先を祀るプロ・プサ（Pura Puseh）、墓地近くにあって浄化前の死霊を祀るプロ・ダラム（Pura Dalem）である。これらの寺院は、それぞれウィシヌ（Wisnu）、ブラーモ（Brahma）、シワォ（Siwa）のヒンドゥー3神に結びつけられる。ただし、これは第10章で触れる戦後の宗教改革運動の中で広く浸透した知識である。なお、実際には、プロ・

ウブド慣習村のプロ・
ダラム入り口（割れ門）

デソとプロ・プサがひとつの寺院となっている場合や、プロ・ダラムを隣の慣習村と共有する場合もあって、慣習村ごとにかならずこの3寺院があるというわけではない。また、この3寺院以外に、慣習村が丘の寺院、海の寺院、湖の寺院などをもっている場合もある。

　個人や集団の催行する主要な儀礼（火葬や家族の人生儀礼など）においては、自身が関わるカヤンガン・ティゴの寺院の聖水が必要となる。また、カヤンガン・ティゴの寺院司祭マンク（mangku, pemangku）は、ブラフマノ司祭プダンドとともに、主要な儀礼の執行役を果たす。その地域をかつて支配した王や領主との関係を背景に、複数の慣習村が共同で寺院祭祀や特定の儀礼に関わっていたり、特定のブラフマノ司祭の儀礼執行にともに依存していたりもする。そしてこうした慣習村間の結びつきが地域社会の連帯感を支えている。

　慣習村の寺院の儀礼・祭礼の催行や普段の管理、あるいは道路など村の他の公共財の維持管理に必要な費用・物品・労働奉仕は、村の成員で分け合って負担する。こうした義務や、隣人同士の紛争への対処など、村人が守るべきルールは慣習村法規に定められている。ルールに違反すれば制裁が課せられ、最悪、村から除名される。除名されれば、儀礼に必要な聖水や村人の助けを得ることがかなわない。生まれてから死ぬまでバリ人は慣習村なしでは生きられない。村を離れて暮らしても、成員権は基本的にそのまま残る。こうした法的拘束力は、慣習村だけでなく、集落や、すぐあとに触れるスバッ（subak）などの重要な組織でも同様である。ただ、こうした強い力をもつがゆえに、慣習村や集落はバリ人を守ってくれる存在でもある[7]。このように、バリ人はかなり細かなルールを守る共同体の中に生きてきた。チャップリンは『自伝』の中で楽園にのんびり生き芸術に

※7　バリは治安のよい社会であるといわれる。それは、慣習村や集落がときに自警団を組織し、集団で治安維持にあたるからである。盗難などの犯罪行為が自警団に見つかれば、警官が来る前に、村人によって犯人が袋叩きに合い制裁を加えられることもある。村人を守る慣習村や集落は、その外部のとくにバリ人でない犯罪者にたいして、暴力をもって臨む存在となるのである（永渕 2005: 395）。

勤しむバリ人の気楽な人生に触れていたが、それは欧米人の幻想か、バリ
人の人生の片面のみを描いたものなのである。

　集落は、集落長（ex. klian banjar）ら役員を中心に定期的な集会をもち、
集落法規（awig-awig banjar）を順守し、集落の寺院の維持管理と祭祀運営
その他の行事を相互扶助の仕組みで営む組織である。この点で慣習村とよ
く似た組織であるが、集落の特徴的な機能として火葬の際の協力単位とな
るという点がある。慣習村と集落の成員が入れ子関係にある地域はおおい
が、その成員構成や包摂関係がずれる地域もすくなくない。集落はヒンド
ゥー王権の浸透した地域に特徴的な組織であり、慣習村はバリのヒンドゥ
ー化以前にその源をさかのぼると考えられる。集落のない地域はあっても、
慣習村（および行政村）のない地域はバリにはない。

　ここで、バリアゴ（第4章）に触れておく。バトゥール湖畔に位置し風
葬で知られるトルニアン（Trnyan）と、グリンシンという経緯絣と閉鎖的
な村落体制で知られたトゥガナン（Tenganan）の2村は、その代表例であ
るが、どの村がバリアゴなのかについては諸説ある。バリアゴがヒンドゥ
ー以前のバリ文化を伝える原始的な村だという通説は、誤解といってよい。
バリアゴにもヒンドゥー文化は見られ、トルニアンなどでは10世紀ころ
の王権の勅令が発見されている。バリアゴ村落の間に儀礼的なネットワー
クもある。さらに、現在のバリアゴは戦後の宗教改革の影響下にあり、一
神教的神観念も浸透している（Reuter 2002; Swellengrebel 1960: 31）。バリア
ゴを古い村とするイメージは、バリアゴの観光価値を高めたいというビジ
ネス感覚に由来する可能性もある。

　植民地時代に行政村という組織が新たに加わったが（第5章）、近年も
政府による慣習村や集落の改編はあった。インドネシア政府は1990年
代以降に地方分権化を進めた。バリでは、これによって、慣習村（デソ・
アダット）が法にもとづく自律性を強化していき、2001年の州条例によ
りデソ・パクラマン（Desa Pakraman）という名称となった。アラビア語起
源のアダットからサンスクリット起源の古バリ語であるクラマ（krama）
へと名称を変更したのは、伝統重視の保守化傾向のあらわれと考えてよ

集落の集会
各戸から基本的に
男性が参加する。

い。こうして、慣習村もある意味で行政村的特徴をもったのである（鏡味2000, 2006; Picard 2009: 106; Warren 1993; 吉原（編）2008）。

　以上のように、今日のバリには、村に相当する組織が、植民地時代に由来する行政村（desa dinas, kelurahan）とその末端単位である行政集落（banjar dinas, linkungan）、植民地政府がバリの伝統と認識して温存した慣習村（Desa Pakraman）と集落（banjar adat）、の4つあるということになる。バリの村落は、この点だけをみても複雑である。

地域社会を構成する諸組織

　つづいて村落社会に存在するその他の組織についてみていこう。

　スバッは、スバッ長（kelian subak）ら役員を中心に定期的な集会をもち、慣習法規を順守し、水田の灌漑と農作業の組織的運営、農業関連の祭祀儀礼、スバッ関連の寺院の管理と祭祀等を相互扶助の仕組みで営む組織である。水の適正で平等な供給と田植えなどにおける相互扶助は、水田稲作を主要な生業とするバリ人にとってきわめて重要である。ただ、それは村や集落とは別組織であるスバッが担うのである。

　中南部地域では水田稲作が発達している。これは、緩やかに傾斜する地形を利用し、川に近い側と遠い側、川上側と川下側で、水の引き込みと放出を調整し、各自の水田を潤す水を絶妙に調整することで成り立っている。スバッは、ひとつの水路のネットワークに入る範囲の水田をもつ人々が加

入する組織である。通常、ひとつの家族は複数のスバッに所属する。小作人を雇って農作業を委ねる場合でも、農業の儀礼は田の所有者が行う。植民地時代には、田への水供給と徴税をより効率的に行うために、複数のスバッを上位レベルで組織化するということもあった。なお、水田のない地域では、スバッが畑作等の管理に関わる。近年のさらなる観光化による第3次産業の伸長を背景に、水田は減少傾向にある。

　スカハ（sekaha）は、いわゆる任意集団（voluntary association）であり、クラブや講に相当するものである。地域によって、音楽、舞踊、建築、詩の朗読、特定寺院の建立と維持管理など、さまざまな目的を掲げるスカハがある（Geertz 1959）。ガムラン音楽と舞踊を目的とするものは、スカハ・ゴン（sekaha gong）と呼ばれる。ゴンはガムランを指す。一般に、ヒンドゥー王権の浸透した地域には慣習村や集落を単位としたスカハ・ゴンがある。かつての王族・領主一族がなお強い経済力を保持している場合、この一族がスカハ・ゴンの主要なスポンサーとなる。スカハ・ゴンは、自らの帰属する慣習村や集落の寺院祭礼や火葬などにおいて無償で演奏を行う。個人の儀礼・祭礼においても、頼まれて演奏することがある。芸能を売り物とする観光地であるウブドやプリアタンでは、多数のスカハ・ゴンが王宮や寺院の外庭を舞台に、外国人観光者向けに毎夜交代でショーを演じている。ただし、その収益は、基本的にそのスカハが属する慣習村や集落の公益のためにもちいられ、メンバーにはその中からわずかな報酬が渡されるのみである。

　次に、家族と親族について述べる。屋敷ないし屋敷地（karang, pekarang, pekarangan）には、傍系を含む父系の拡大家族が居住する。夫婦とその子供からなる核家族に相当するクラン（kuren）だけで独立して暮らすというケースも近年では増えているが、もともと父系の大家族がバリ人の暮らしの単位であった。なお、慣習村や集落などの構成単位となるのは核家族である。屋敷地は、カストによって名称が異なる。スドロの場合はウマ（umah；家）、サトリオやウェシオの場合はプリ（puri；王宮）、ブラフマノの場合はグリオ（gerya）である。一般にプリやグリオはウマよりもおおきく住人も

屋敷寺
中央にあるのは
パドモサノ（第9章）

おおい。ただし、これは程度の問題といえる。

　いずれの屋敷地にも、北東（kaja kangin）の一角に祖先を祀るサンガ／ムラジャン（sanggah/merajen）がある。バリ人はサンガ／ムラジャンをプロ（寺院）とは呼ばないが、便宜上これを屋敷寺と呼ぶことにする。慣習村・集落・スバッは、それぞれの機能を担うとともに寺院を祭祀する集団でもあるが、屋敷地集団もこの屋敷寺という小寺院を所持し、そこに祀られる神や祖先を祭祀する集団である。

　複数の屋敷地集団は、父系のつながりをもった親族集団を構成する。この集団は、おなじ一族として本家のサンガ／ムラジャンの祭祀に集うが、それだけではなく、屋敷寺とは別に親族集団としての寺院（pura dadia, pura panti）を保持する場合もある。一般に高カストはこうした親族寺院をもつ。スドロの場合、親族集団を構成するものもあればそうでないものもある（Geertz & Geertz 1989（1975））。

儀礼はバリ宗教の核心か

　以上、地域社会を構成する主要な組織について概観した。バリ人が生きる地域社会は、慣習村をはじめとするさまざまな組織の重層的な複合体である。そして、それらの組織のおおくは寺院祭祀集団でもある。ある組

織が複数の寺院を抱えるという点も加味して考えると、バリ人の社会生活はそうした諸寺院とその祭礼・儀礼に深く規定されているということが、あらためて理解できるであろう。成人の場合、10やそれ以上の寺院に関わることは普通である。中南部では、そうした寺院の祭礼——オダラン（odalan）とよばれる——は210日ごとに訪れる。これに人生儀礼や暦の上での諸儀礼が加わる。さらに毎日のように行う供物献納儀礼もある。それらについては第9章で触れる。ここでは、バリ人の生活が大小さまざまな儀礼の準備と催行に満ちたものであるという点を、地域の諸組織との関連において確認しておきたい。

　第2章でも触れたクリフォード・ギアツは、バリでは、地域社会の諸組織に加え、古典国家までもが儀礼と寺院祭祀を一義的な目的とした存在であったと論じた（Geertz 1959, 1964, 1987（1973）, 1990（1980）; Geertz & Geertz 1989（1975））。バリ社会の特徴を儀礼・祭礼に看取する理解は、植民地時代から現代まで、観光者から写真家・芸術家や人類学者にいたるまで、おおくのバリ愛好家・研究者に共有されてきた（ex. Belo 1953: 8; Covarrubias 2006（1937）; Goris & Dronkers 1953; 河野・中村（編）1994; Ramseyer 1986（1977）; 管 2001; 吉田禎（編）1992）。バリ社会の核心を宗教に見、バリ宗教の核心を儀礼に見るという入れ子式の理解枠組みこそ、異文化としてのバリを理解する上での基盤にある捉え方であった。

　しかし、本章のはじめに述べたように、この理解はバリ人の理解枠組みとは折り合わないものである。儀礼はバリ宗教の中にあるアダットの部分であって、アガマそのものの部分ではないからである。たしかに、現代のバリ人も、儀礼を重視し、儀礼に多大な時間・労力・金銭を費やしている。だが、現在のバリ人がより重視するのはアガマの部分の方であって、儀礼やアダットの部分の方ではない（cf. Setia 1994（1986）: 420-429）。また、今日では、儀礼に十分参加できる比較的裕福な人々と、世俗的な職業労働に忙しく儀礼に十分関われない人々との間の格差が拡大しつつある。たとえば、観光地において住み込みで働く周辺地域の出身者が、帰省して地元の村の寺院の祭礼や家族の儀礼に参加できる機会はかぎられる。彼らは、

故郷で催行されるさまざまな儀礼に参加したいが、それを我慢して働いているのである。現代バリの人々の間にある、こうした経済的・宗教的な格差を看過すべきではないのである。

おわりに

　本章では、中南部バリの地域社会の概略のみを紹介した。バリの地域社会の複雑さの一端はオランダ植民地時代にある（第５章）。また、インドネシア共和国の下でも地方の行政体系はしばしば再編され、21 世紀にはデソ・アダットがデソ・パクラマンへと名称変更されるという変化も生じた。今後も、バリの地域社会がさまざまな変化を被る可能性はある。ただ、慣習村、集落、スバッ、スカハ、家族・親族集団から成り立つ地域社会という基本的な枠組みに、おおきな変化が生じる余地はすくないと私は考えている。なぜなら、これらの組織は、バリ人の宗教活動とくに寺院祭祀や儀礼と不可分の宗教組織であるからである。宗教や儀礼は、この社会が劇的変化を被る中でも、結果的に強い持続性を示してきた。たしかに、儀礼はアダットの部分であってアガマの本質的部分ではない。しかし、バリ人にとってはアダットもまた重要であり、なくてはならないものなのである。

第8章 神観念・司祭・祈り

　本章と次章では、バリ宗教の具体的な諸局面について記述していく。なお、この2つの章の記述は、拙論のポイントに若干のデータを付加したものである（吉田 1999, 2005）。

唯一神と神的霊的諸存在

　第1章では、バリの宗教改革運動においてヒンドゥーが一神教へと組み換わったことに触れた。このヒンドゥーの唯一神はイダ・サンヤン・ウィディ・ワソ（Ida Sanghyang Widhi Wasa）という。この名称が固まったのは1950年代である。当時バリに来ていたインド人サンスクリット学者が、ジャワやバリに伝わっていたリグヴェーダ関連の古文書にある抽象的な文言を神の名に採用し、さまざまな神々はいずれもこの唯一神の化身（manifestasi）であるとしたのである。彼は、バリ人の営む種々の儀礼をパンチョ・ヤドニョ（Panca Yadnya; 5儀礼）という5つの範疇に整理し、儀礼をヒンドゥー教徒の宗教義務として位置づけた。さらに、バリでは知られていなかったリグヴェーダのマントロと、古ジャワの祈りとを組み合わせ、イスラームの1日5回の礼拝（サラート）に対応させた、トリ・サ

ンディオ（tri sandya）という1日3回（日の出、正午、日の入り）の礼拝も
考案した。これらはバリのヒンドゥーの教義や規範の基盤となった（永渕
2007: 159-162; Ramstedt 2004; 吉田 2005, 2020a）。

　イダ・サンヤン・ウィディ・ワソは、古文書には「宇宙の神聖なる支配者」
ないし「神聖にして絶対的な宇宙の法」という意味の概念として記載され
ていた（Ramstedt 2004:11）。それは、一般のバリ人に知られたものではなく、
人々の宗教生活における祭祀の対象でもなかった。それゆえ、20世紀前
半に調査をした人類学者の論文や民族誌にはこの神への言及がみられない。
バリ宗教の改革に携わった知識人たちは、宗教生活にまったく介在しなか
ったこの概念を唯一神に押し立てたのである。その後数十年をかけ、啓蒙
運動や学校での宗教教育——日本の道徳に相当する教科として宗教がある
——などにより、この唯一神の名称やこれにささげる祈りの規範は社会に
徐々に浸透していった。

　ただし、今日のバリ人は、この唯一神にたいしてだけではなく、さまざ
まな神的霊的諸存在にたいしても祈りをささげる。司祭が儀礼を執行する
場合、どの存在に祈るのかを司祭やその助手が人々に指示するが、そこで
言及されるものの大半は、唯一神ではなく、あれやこれやの具体的な名
前をもった神々や、死者の霊である。また、人々が供物をささげる対象は、
さまざまな神的霊的諸存在の方である。儀礼は、特定の神的霊的諸存在に
たいする供物献納の長い手続きと、短い時間で行われるそれらへの祈りか
らなるが、唯一神は後者の祈りの際に登場することがあるだけで、供物を
ささげられる対象とはならない。ただ、人々は、祈りという行為こそヒン
ドゥーの中のアガマの核心部分であり、長時間におよぶ供物献納の手続き
はアダットの部分であると認識している。また、司祭が祈りの際に指示す
るあれやこれやの具体的な神々のおおくは人々にとってほとんど馴染みが
ないので、司祭の指示とは裏腹に、人々が漠然と唯一神を念頭において祈
るという傾向もある。このように、教義上あるいは認識上の唯一神の重要
性と、儀礼という宗教実践において唯一神が登場する機会のすくなさとは
対照的である。ただ、上に触れたトリ・サンディオは、供物をもちいずに

唯一神に祈りをささげる行為であり、ここではほぼ唯一神のみが宗教実践の対象となっている。

　インドネシア語では、トゥハン（Tuhan）がイスラームやキリスト教あるいはヒンドゥーなどの唯一神を指す語であり、デワ（dewa）がヒンドゥーなどの諸神を指す語である。バリ語読みすれば「デワォ」である。デワォは男神、デウィ（dewi）は女神を意味する。また、ブタロ（betara）は男の祖霊神、ブタリ（betari）は女の祖霊神を意味する。屋敷寺や寺院の中にある社で祀られる存在は、祖霊神（ブタロ・ブタリ）であるといわれることもあれば、神（デワォ・デウィ）であるといわれることもあり、祖霊神が神になったものであるといわれることもある。

　祖霊神は、死者の霊が火葬すなわち一次葬（ngaben/plebon）および二次葬（nyekah, memukur/ngasti/marigia）を経て浄化され神格化したものである。死霊はバリ語でピトロ（pitra）という。死霊は火葬による浄化前の危険な存在であり、生者に災難をもたらす可能性もある。ただし、この死霊は、もともとは生者の身体の中にあった霊魂である。人間だけでなく、動物をはじめとしてさまざまな存在の中に霊（roh, nyawa）は宿るとされる。人間の霊魂はアトモ（atma）とも呼ばれる。人生儀礼では、儀礼を受ける当人の霊魂に供物をささげる行為が伴うが、これは彼女／彼の中に宿る神にたいする儀礼行為であるともいわれる。教義上は、人生儀礼の供物は体内の各部位に宿るデワォにたいするものであるとされている。このように、神と霊魂とは重なる面をもつ。

　以上のように、人の霊魂、死者の霊、祖霊神、神々は、ある意味で連続している。本書でいう神的霊的諸存在とは、唯一神も含め、これらを一括して表したものである。

　次に、いくつか代表的な神的存在について触れる。神々の中で、もっともよく言及されるのは、スルヨないしスリヨ（Surya）と呼ばれる太陽神である。この神への供物は、儀礼の中で最初に聖水をふりかけられて清められる。スルヨへの供物は、もっとも清浄な方位である北東（kaja kangin）に位置する祭壇パドモサノ（Padmasana）におかれる。この神は唯一神や別

の名称の神とも重なる。

　人々は、スルヨがどのような性格の神であるかについては、「太陽神である」こと以外、ほとんど語ることができない。ただ、これはスルヨにかぎったことではない。シウォ、ブラーモ、ウィシヌのヒンドゥー3神や、サラスワティ（学問の女神であり、日本では弁才天として知られる）などのヒンドゥー神、稲の女神デウィ・スリ、そして寺院で祀られる特定の名をもった神格などを含めて、これらの神々の性格や相互のちがいは明確に認識されておらず、それらの名称とそのキャッチフレーズ的な役割——デウィ・スリは稲の女神である、サラスワティは学問の女神である、など——が認識されている程度である。この神の性格づけにたいするある種の関心のなさが、人々の神観念のひとつの特徴である。ただし、そのことは人々が神を身近に感じていないということを意味しない。むしろ日々の祈りや供物献納、そして寺院祭礼などの折々の儀礼において臨在する神は、個性も曖昧であり不可視であるにもかかわらず、人々にとっては身近であり、またその実在性を感得しうる存在である（Howe 1984: 196-197）。

　もうひとつ神々の特徴がある。それは、第6章で触れたハルスという点である。ハルスは清浄、きれい、なめらか、気品がある、礼儀正しいなどのニュアンスをもつ、バリ人やジャワ人が好み美徳とする性質である。神はもっともハルスな存在であり、ハルスなものの具現である。そして神自身、ハルスなもの、美しく上品なものを好む。このハルスに対照的なのが、粗暴、粗雑、怒りっぽいなどを意味するカサールである（Howe 1984: 197-198, 204-205; Ramseyer 1986（1977）: 149）。

　神的存在ではあるものの、ハルスな神々とは一線を画す、カサールな神々がいる。これはブト・カロ（bhuta-kala）と呼ばれる。ブト・カロは下界ないし地界の神々でもあり、天界の神に随伴してやってくる鬼神や悪霊に相当するものでもある。第6章ではラクササに触れた。インドネシア語のラクササは、バリ人がいうブト・カロに当たる。神々とおなじく、ブト・カロの中にも具体的な名称をもった神格があり、儀礼においてはそうした具体的な諸ブト・カロに供物がささげられ、祈りがささげられる。しかし、

やはり人々はそうした個々のブト・カロの性格の差異には無頓着である。

　一般に、神とブト・カロは、善－悪、ハルス－カサール、天－地、上－下といったかたちで相互に補完的な対立関係をなすものとして捉えられる。これは儀礼活動とも対応する。神や祖霊への供物は清浄な方向とされる東や北向きに、かならず台や祠の上におかれるのにたいして、ブト・カロへの供物は南や外の方を向けて、かならず地面におかれる。また、ブト・カロは生臭いものを好むとされ、ニンニクや玉葱の類、そして酒がその供物の主要な要素となっている。生肉や血もブト・カロに特有のささげものである。闘鶏（tajen）は、ブト・カロへの血の供犠に当たる。儀礼活動においては、神に供物をささげる前にかならずブト・カロにたいして供物をささげ、これを懐柔し、あるいはその場から追いはらうという手続きをとる。神にたいするよりも、ブト・カロにたいしての方が頻繁に、そして大量に、供物がささげられ、儀礼がおこなわれる傾向がある。

　ブト・カロは何らかの災難をもたらすとされる。また、人がわれを忘れて怒ったときには、体の中にカロ——この場合ブトは言及されない——が入ったのだといわれる。寺院祭礼などにおけるトランスでも、神だけでなくブト・カロが入ったとされる場合がある[8]。ブト・カロは神的存在の一種ではあるが、むしろ神々と対極の位置にあるものとして捉えられる。天界の神であるデワォやブタロ、下界の神であるブト・カロ、そしてその中間に生きる人間という捉え方は、ヒンドゥーの教義知識にもなっている。

　以上をまとめよう。さまざまな神的霊的諸存在は、部分的に重なり合い連続している。人間の霊魂は死後に肉体を離れる。これが死霊ピトロである。ピトロは埋葬や火葬など死者儀礼の対象となり、最終的に浄化されて祖霊神ブタロ・ブタリとなる。これはデワォ・デウィとほとんど重なる。ブタロ・ブタリやデワォ・デウィは天界の神であるが、これにたいして下界の神であるブト・カロがいる。両者はおなじ神的存在ではあるが、対照的な特徴ももつ。災いをもたらす可能性があるという点で、ブト・カロとピトロとは類似する性格をもつ。そして、諸神（および霊魂）は最終的に唯一神に収斂する。あらゆる神的霊的諸存在が唯一神のかりそめの姿（化

身）であるとする教義上の論理によって、具体的な神々や霊に向けられた儀礼活動は一神教の理念と整合性をもつことになるのである。

おもな司祭と呪医

　主要な儀礼には司祭が関与する。以下では、おもな司祭として、ブラフマノ・カストの者が修行と叙任儀礼を経てなるプダンドと、寺院司祭であるマンク（mangku, pemangku）を中心に記述し、呪医バリアン（balian）についても簡単に触れることにする。

　プダンドは神と同格と認識される。通常、火葬において遺体を運ぶ塔（wadah/bade）には、天界の須弥山を象徴する屋根があり、カストの地位が

※8　バリでは、神が人に降臨する／入ることをクラウハン（kerauhan）という。いわゆる神がかり状態であり、先行研究はこれをトランス状態として記述・考察してきた（Belo 1960; Howe 1984; 吉田禎（編）1992）。クラウハンにはさまざまなパターンがある。サヌールでは、サドゥグ（sadug）という白装束の一団がおり、寺院祭礼などの機会に神が彼らに入り、彼らを通して人と会話する。寺院司祭に神が入ることが定番の地域や寺院もある。3年に一度、村で選ばれた少女に神が入り、少女が村境をまわり、舞踊をするサンヤン・ドゥダリという祓いの儀礼を数カ月にわたって行う地域もある。また、これらの地域の慣習とは別に、予期せぬ機会に突如神が人に入り、その人の口を借りてメッセージを伝えることもある。人に入るのは天界の神ばかりではなく、下界の神ブト・カロの場合もある。神に入られた者は比較的落ち着いているが、ブト・カロに入られた場合、もがいて暴れたり、寺院を出て森や墓場に走っていこうとしたり、線香の束の炎を口にしたり、生きたひよこをひきちぎって食べたりすることもある。馬の霊が入って馬のようにあたりを走る、豚の霊が入って地面の堆肥を食べる、などのパターンもある。いずれの場合も、聖水をふりかけたり、クリスをもたせて自らの胸を（怪我がないよう見守りつつ）しばらく刺すよううながしたりすることで落ち着かせ、もとの状態へと戻す。

クラウハン（トランス）

高い者ほどその屋根の層が増える。しかし、最高位のはずのプダンドの火葬の塔にはこの屋根がない。これは、プダンドが生きながらにしてすでに神と同等の存在であることの象徴であるとされる。ただし、一方で、次の点もある。神像（tapakan）を目前にした場合、人々は腰をおろすなどしてそれより低い位置にいなくてはならないが、プダンドが目の前を通過する場合、座っていた人々は立ち上がって両手を胸のところであわせて礼をする。これは人間にたいする敬意の表明の方法であり、この点でプダンドは神そのものではないといえる。ただ、いずれにせよ、人々は深い宗教的知識と高い宗教的清浄性をもつプダンドに最高の敬意をはらう。

　マンクが寺院つきの司祭であるのにたいして、プダンドは特定の寺院に関係せず、いわば檀家にあたる人々（sisya）に頼まれて儀礼を執行する。重要かつ規模のおおきな儀礼は、すべてプダンドの儀礼執行を伴う。ただし、プダンドの関与如何は、規模の大小だけでなく、地域の慣習によっても異なる。たとえば、オダラン（寺院祭礼）は重要な儀礼であるが、プダンドが関与する慣習の寺院もあれば関与しない慣習の寺院もある（第9章）。

　主要な儀礼には、プダンドが作成した聖水ティルト・グリオ（tirtha gerya）が不可欠である。儀礼の場においてプダンドが行う主要

儀礼の場で聖水を作成するプダンド

プダンドの火葬の塔（屋根がない）

な仕事も、この聖水の作成である。もっとも、あらかじめプダンドの住む屋敷グリオに聖水をもらいにいき、儀礼自体は他の司祭や司祭以外の者がその聖水をつかって執行する場合もある。

　プダンドは、毎朝グリオの中にある屋敷寺で聖水作成の儀礼を執行する。その手順は、儀礼の場における聖水作成の手順とおなじである。香煙に手をかざし、マントロつまり呪文を唱え、ムドロ（mudra）と呼ばれる印を結ぶしぐさをし、聖水・花・米などをかけるという一連の手続きによって、①自身を浄化し、②道具を浄化し、③神を順番に降臨させ、容器の中の水に呼び込むという作業を重ねることで、聖水を作成するのである。儀礼の場では、その後、この聖水をふって供物を清め、この供物のサリ（sari; エッセンス）を、風をあおぐ仕草（ayab, natab）によって神的霊的諸存在に送り届ける。これが供物をささげるということの実態である。そして、そこに集う人々に聖水をふりかけて清め、人々が祈り、あらためて彼らに清めのための聖水をふり、聖米（bija）を与える。こうした供物の献納・祈り・清めの手順は、他の司祭の場合も基本的におなじである。

　プダンドが唱えるマントロはウェード（weda）という。つまりヴェーダである。戦後の宗教改革の流れの中で、インドのヴェーダ文献が出版され流通するようになったが、もともとバリにはウパニシャッドなどのヴェーダ文献の全体は伝わっていなかった。しかし、高島によれば、プダンドの儀礼執行には、プダンドがシヴァ神（シワォ神）と一体化する——シヴァ神が降臨する——ことによって、聖水を作成したり供物や儀礼対象者を浄化したりする力を得るという過程が明確に看取される。司祭と神との一体化は、すでに現代のインドではほとんど意識されなくなったシヴァ派の儀礼の本質であり、これがバリではなお維持されている、と高島はいう（高島 1994: 66, 69; cf. 赤松 2021）。

　マンクは寺院司祭であるが、各家で行う儀礼も執行する。とくにカヤンガン・ティゴ（第7章）のマンクは、プダンドに次いで人々から儀礼執行を依頼される存在である。親族寺院のマンクも、その親族の成員から儀礼執行を依頼される。人々は、儀礼の種類と規模に照らし、どの司祭に儀礼

執行を依頼するかを選択する。高度な浄化が必要となる火葬や、何年かに一度めぐってくる寺院や屋敷寺のオダランの大祭、主要な人生儀礼などは、プダンドに儀礼執行を依頼する。そこまでの浄性をかならずしも必要とせず、供物の準備も出費も大規模でなくてよい

オダランでの集団的祈り

場合は、マンクに儀礼執行を依頼することになる。

　マンクは、自身の寺院のオダランの際には、人々がもってくる供物を浄化し、神にささげる作業を行う。オダランの当日（piodalan）に、成員が共同で作成した供物をささげるもっとも重要な供物献納はプダンドが行うという寺院がすくなくない。その場合、マンクは、この日以外の共同の供物や、人々がもってくる個人的な供物を神に献納する儀礼を執行する。オダランの期間、おもに午後から夜にかけて、マンクは何度も断続的に儀礼を執行してこの供物を浄化し、神にささげる。そして人々が祈った後、彼らに清めの聖水をかけ聖米を与える。

　中南部では、ほかにも司祭がいる。たとえば、スルンプ（serumpu, srimpu）は、スドロの鍛冶屋のサブカストであるパンデの儀礼を専門的に行う、このカスト所属の司祭である。他のカストであればプダンドに依頼するような重要な儀礼執行を、プダンドに代わって担う。他のカストやタイトル集団がスルンプに儀礼執行を依頼することはないが、パンデの人々がプダンドに浄化儀礼を依頼することはある。ほかに、スング（senggu, sengguhu）も特定のタイトル集団（Bujangga）の儀礼を担う司祭である。ただし、スングは、ニュピ（Nyepi）の前日に村で行う祓いの儀礼チャル・クサンゴ（Caru Kesangga）をプダンドとともに実施するという役割も担う。ほかにも、司祭や準司祭と呼べる存在はいるが、省略する。

バリアンは、民間医師・呪医・占い師の性格を兼ね備えた存在である。バリ人は、近代的医療とバリアンが関わる伝統的な医療とを組み合わせ、つかい分ける。超自然的存在への畏怖は広くバリ人に見られる。バリアンはそうした存在と人間との関係を占い、ときに調停する。ただし、バリアンの中には、呪術的行為や占いはせず、伝統的な古文書の知識のみをもちいる者もいる。呪医に相当するバリアンは、病人にとり憑いている霊を自身に憑依させて病気の原因を明らかにしたり、ブラックマジックにより病気になった人を助けるカウンターマジック（対抗呪術）を行ったりする（大橋 2019; 吉田禎（編）1992: 144-149）。

　これらの宗教的専門家はバリ人の宗教生活を支える重要な存在である。しかし、人々は、儀礼はそれを行う能力と経験のある者が行えばよいのであって、特定の専門家でなくてはならないというわけではない、とも考えている。実際、バリ島の外に移住し生活するバリ人ヒンドゥー教徒の周囲には司祭がいないという場合もある。その場合、人々は、教義書などを参照して供物を準備し、司祭なしで儀礼を催行し、よく知っている者がマントロを唱え、みなで祈りをささげる、というかたちで宗教実践を営む（Setjaja 1996）。バリ島内ではこうしたケースはまずありえず、特定の司祭らに儀礼執行を依頼するが、すくなくとも理念の次元では、司祭の役割や司祭と一般人の関係を相対的なものとみる考え方は、宗教改革運動の中である程度浸透している。バリ島内ではプダンドを最高司祭とみる見方が根強いが、今後、いずれの司祭も対等であり、司祭と一般の信徒の間も対等であるという見方が次第に強まっていく可能性はある。

祈りの重要性

　次に、祈りについて述べる（吉田 2000a）。バリ語で祈り／祈るはバクティ（bakti, mebakti）またはムスポ（muspa）という。祈りは、人々と神との精神的な交流の契機である。人間や世界に恵みを与えてくれる神に感謝したり、災難をもたらしかねないブト・カロや死霊を慰撫したりするため、人々は供物を用意し、聖水等をもちいてこれを清め、そのエッセンスを神

にささげる。そうした儀礼行為に集う人々全員が一緒になって、おなじ身体行為を通して神に精神的に向かい合う。これが祈りである。また、そうした儀礼とは別の機会に、個人的に祈りを行うこともある。それがトリ・サンディオである。

　祈りにおいては、神にあやまちを許してもらうよう、人類に幸福を与えてくださるように祈る、平穏や祝福を祈る、などと人々はいう。ただし、個人の願い、問題解決、病気の回復などを念じることもある。インドネシア語では、後者の祈願としての祈りはドア（doa）といい、神に帰依する祈禱はスンバヤン（sembahyang, bersembahyang）という。バリ人は、ムスポとスンバヤンとはおなじであると捉えるが、バリ人の行う祈りの中には、スンバヤンというよりもむしろドアに当たるものがあることになる。ただし、そうした祈願は神への祈りとして適切でないと考える者もすくなくない。

　祈りの行為手順に触れる。ブト・カロを含む神的存在に祈る場合は、両手を頭上で合わせる。死者儀礼では、この神への祈りの後、両手を胸で合わせて死者の霊に祈る。基本は、花などを手にした神への祈りを3回つづけ、その前後に1回ずつ手に何ももたない祈り（muspa tangan puyung）を行う、というものである。ただし、大儀礼においては、3回どころかときに10回以上花をもって祈ることもある。おおくの神々が臨在しているからである。

火葬での祈り
火葬では、神に祈りをささげた後（上）、最後に手を胸の前で合わせて死者の霊に祈る（下）。

　毎日確実に3回トリ・サンディオを実践するバリ人は、私の知るかぎりおおくない。しかし、1日1回祈る、

毎日ではないがときどき祈る、という者は比較的いる。これらの人々を含めれば、トリ・サンディオを習慣として行うバリ人は、私がみるかぎり増加する傾向にある。こうした祈りの実践がすこしずつ広まってきたことに、ヒンドゥーの改革運動の着実な浸透を看取することができる。

　この儀礼の脈絡を離れた祈りは、先行研究ではほとんど論じられてこなかった。それは、先行研究がバリの伝統的な宗教とくに儀礼にもっぱら関心を向ける、植民地時代からの色眼鏡に影響されてきたからである。華やかで盛大な儀礼や供物に着目する視点からは、祈りは儀礼活動の長い過程の最後に位置する、あまりにもシンプルでワンパターンの行為にしか見えない。祈りは当事者全員によるおなじ行為の繰り返しであり、地域による独自性にも欠ける。そもそもトリ・サンディオは戦後に生まれ浸透した新たな行為現象である。

　しかし、現代のバリ宗教を理解する上で、祈りはきわめて重要なものである。それは、単に祈りが一神教としての特徴を端的に示す行為であるからだけではない。むしろ、祈りが一神教の理念と多神教的な実態とのずれを媒介する行為契機であるという点こそ重要である。人々は祈りを唯一神との交流の機会として捉える。たしかにトリ・サンディオでは実態もそうなっている。しかし、そこには祈禱だけでなく祈願の要素も入ることがある。さらに、儀礼の際の祈りでは、多数の神々に祈りをささげ、場合によっては生者や死者の霊にまで祈りをささげる。これらがおなじ「祈り」とされ、唯一神にたいする行為として総括されて捉えられるのである。祈りは、一神教的側面と多神教的側面、あるいはアガマとアダットという、バリ宗教の異質な二面を接合し調停する蝶番なのである。

　バリ語で儀礼を意味する語として、カリヨ（karya; 仕事）やヤドニョ
（yadnya）がある。インドネシア語はウパチャラ（upacara）である。供物を
意味する語としてはバンタンやサジェン（banten, sajen, sesajen）がある。バ
リの儀礼は、供物をささげる（mebanten, matur banten/sesajen）こと、そして
祈ることを実質的な中身とする。ただ、ごく簡単な供物献納行為はカリヨ
には入らず、司祭の儀礼執行も伴わない。前章ではアガマの部分に関わる
神観念や祈りについて記述したが、本章ではアダットの部分である供物献
納行為つまりは儀礼の概要を記述する。ただ、その前に、寺院と暦につい
て説明しておきたい。

寺院の形態と種類
　寺院（プロ）は、壁に囲まれた2つ（外庭・内庭）ないし3つ（外庭・中
庭・内庭）の区画からなり、内に行くほど神聖な空間となる。バリではカ
ジョ（kaja）つまり川上／山の方向（南部ではおおむね北、北部ではおおむね
南となる）と、カギン（kangin）つまり東の方向が聖なる方向である（吉田
1998）。中南部バリの寺院は北や東が内奥になる。これは、王宮や屋敷地

寺院門のボモの彫刻
（小高雅彦氏撮影）

もおなじである。本書では、カジョの方向をバリ島南部における北として
記している。

　寺院の門には、割れ門(candi bentar)と屋根つき門(candi kurung) の２種類がある。
壁や門にはしばしばボモ（Bhoma）という鬼神の頭の彫刻がある。悪しきも
のから寺院を守る魔よけの意味である。門を入ったすぐのところに魔よけ
の壁（aling-aling）を設ける寺院もある。邪悪な存在はまっすぐにしか進め
ないのである。

　外庭には、人々に招集をかける際に叩くクルクル（kulkul）と呼ばれる
木が吊るされている。儀礼食や供物をつくるための調理場もある。闘鶏場
ともなる屋根付きの建物（wantilan）は外庭またはその外にある。外庭では、
寺院祭礼の際に世俗的な劇や舞踊の演目が演じられる。

　内庭には、東側と北側を中心に壁に沿って多数の社や祠が並ぶ。北東に
はパドモサノがある。典型的なパドモサノは、下部に蓮の台座と下界を象
徴する亀と蛇が彫られ、上部に神像が彫られた石製である。パドモサノは
スルヨ／唯一神／シワォ神を祀るものといわれる。こうした配置でおおく
の社や祠が並ぶという点は、屋敷寺も同様である。

　寺院の祭祀運営や維持管理に当たる特定の集団をマクサン（maksan）と
いう。親族集団をマクサンとする親族寺院、慣習村・集落・スバッなどの
地縁組織をマクサンとする寺院、市場の寺院、王宮とその地域一帯の人々

が関わる寺院、かつての古典国家に帰属関係をもつ人々の子孫が関わる寺院などがある。最後のものは、王国の支配者の草分けに当たる祖霊神を、王家やその家臣および臣民たちの子孫が共同で祭祀運営するというものである。さらに王国の範囲をこえて広い地域のバリ人が訪れる寺院もある。ブサキ寺院はそのひとつである（中村 1994a: 54）。

ウク暦とサコ暦

　次に暦について述べる。バリには、私たちがつかうグレゴリオ暦（365／366 日が 1 年となる太陽暦）のほかに 2 種類の暦があり、この 2 つの暦にもとづいて儀礼、商売、農作業、建築、引越し、旅行、闘鶏、性格、結婚相手の相性などを判断する。こうした暦にまつわる知識をワリゴ（wariga）という。以下、簡単に暦の概要について記述する（Goris 1960c; 中村 1994b; 吉田 1994）。

　ウク（uku）と呼ばれる暦は、ジャワ起源のものと考えられる。7 日間のまとまりであるウクが 30 あり、210 日で循環する。中南部の寺院や屋敷寺のオダランのおおくは、ウク暦にしたがい 210 日ごとにめぐってくる。なお、この 210 日を「年」に相当するものとすれば、ウク暦には

市販のバリカレンダー（Mariko Sugimoto 氏協力）
上段に、サコ暦 1942 年、皇紀 2681 年 1 月等の記載がある。各日の欄には 10 種類の「曜日」や聖数などの記載がある。

7日のまとまり以外におおくの「週」に相当するもの（wewaran）がある。グレゴリオ暦では7つの曜日からなる週が1種類あるだけであるが、ウク暦には1つの曜日からなる週つまり「1日週」から10の曜日からなる「10日週」までの10種類の「週」がある。ある日は10種類の「曜日」をもつことになる（ただし、1日週は曜日のある日とない日からなる）。この10種類の週の各曜日それぞれに対応する神・方位・聖数がある。この聖数が吉凶や相性の判断に関係する。とくに3日週（Tri wara）、5日週（Panca wara）、7日週（Sapta wara）は吉凶判断において重要である。また、5日週と7日週をかけた35日をバリ人はしばしば「ひと月」と表現する。

　これらすべての週の曜日は210日ごとにおなじ組み合わせになる。4日週、8日週、9日週は210の約数には対応しないが、特定の期間に特定の曜日が連続して、いわば余りの日を調整する仕組みになっている。また、1日週・2日週・10日週は各曜日が順番に来るのではなく、35日をひとつのサイクルとして循環する仕組みになっている。こうして、ウク暦は210日が1サイクルとなるのである（中村1994b）。ただし、この210日のまとまりには、われわれの暦にあるような積年性はない。

　ウク暦のおもな行事として、15日ごとにめぐるカジャン・クリオン（kajeng klion）、210日ごとにめぐるサラスワティの日（Hari Saraswati）、ガルンガン（Galungan）、クニンガン（Kuningan）などがある。カジャン・クリオンは悪霊つまりブト・カロが活躍する日とされ、ブラックマジックに適した日ともされる。学問の神であるサラスワティの日には、古文書や教科書に供物をささげる。この行事は、インドの行事を参考に宗教改革の過程で戦後に広く浸透した。ガルンガンはウク暦の正月に当たる。前日に竹ののぼり（penjor）を門に立て、豚を潰して伝統的なごちそうをつくる。当日は正装をし、村や親族の寺院に供物をもって祈りに行き、供物や装飾で飾った自家の屋敷寺で祈る。獅子舞の獅子に似たバロン（Barong）が村の道を練り歩く。このガルンガンの10日後（グレゴリオ暦では土曜日）がクニンガンである。この日も諸寺院に供物をもっていく。クニンガン後にはチャロナラン（第6章）という祓いの儀礼劇がよく催される。

もうひとつの暦はサコ（saka）である。サコは釈迦に由来するといわれ、インド起源の暦と考えられる。ウク暦と異なり、サコ暦は年を積算する仕組みを有する。太陽と月のサイクルを組み合わせたものであり、354日ないし355日で1

ニュピの前日のオゴホゴ（デンパサール周辺）

年となる。ひとつの月は、月のない夜ティラム（tilem）からはじまり、満月プルナモ（pernama）に向けて月が満ちていく前半と月が欠けていく後半からなる。このひと月（29日前後）それぞれの日に、対応する神や聖数があり、これで吉凶を占う。なお、数年ごとに閏月が設けられており、数年単位ではおおよそグレゴリオ暦とおなじサイクルで循環することになる。

プルナモとティラムの日には、各家で供物をそなえたり、寺院に祈りに行ったりする。この祈りの習慣も、宗教改革運動を受けて近年広まっている。

サコ暦のおもな行事としてニュピ（Nyepi）がある。ニュピはサコ暦の正月に相当し、インドネシアではヒンドゥーの聖日として国民の祝日になっている。ニュピの前には村単位で寺院の御神体（神像）をもって海に行き浄化儀礼を行う。ニュピ前日には、村の中心の辻でチャル・クサンゴという祓いの儀礼を行う。その夕方には、各集落でブト・カロをモチーフにつくったオゴホゴ（ogoh-ogoh）と呼ばれる張子をもって練り歩くとともに、太鼓や鍋などを叩いて家の中をまわり、ブト・カロを退散させる。ニュピの当日は沈黙の日である。外出してはならず、火をつかうこともできない。観光者も原則この慣習にしたがうが、ホテルでは食事が提供されることはある。

水田のスバッ関連の寺院の場合、オダランは210日ではなくサコ暦でめぐってくることがおおい。また、バリ東部では、このサコ暦で寺院のオダランや儀礼が営まれる傾向もある。

儀礼を彩る供物

　次に、儀礼に欠かせない供物の特徴を整理しておく（吉田 1999, 2005）。

　バリ人の宗教活動は多種多様な供物と切り離せない。教義上は、神との交流をのぞむ清浄な心があれば十分とされており、人々もこの点を強調する。しかし、実際のところは、神的霊的諸存在との交流において供物は不可欠といってよい。人々は毎日供物を神々にささげる。供物は、神に感謝の意を伝え、ときにお願いをするための贈り物ともなる。

　では、どのようなものが供物になるのだろうか。価値あるもの、美しくハルスなものは、すべて供物の構成要素になる。米、炊いたご飯、米菓子、果物、肉、酒、清水、聖水、花、布、宝石、武器、音楽、舞踊、演劇などはその代表である。美しい舞い手の舞踊、心を打つ物語の演劇は、行為としての供物である。物質的な要素については、たとえば花や果物の中からより美しいもの、つまり色・形がよくより見栄えのするものが選ばれ、供物としてつかわれる。

　供物には、神を喜ばせ楽しませるとともに、儀礼に集う人間を喜ばせ楽しませるという特徴もある。たとえば、寺院祭礼で上演される演劇や影絵劇は、おなじ演目が上演機会によって儀礼的色彩が強くなったり娯楽的色彩が濃厚になったりする。その地域や主催者に関する機転の利いたアドリブなども盛り込まれ、どこでもおなじ上演内容にならないように配慮される（Zurbuchen 1987: 227, 237）。

　また、一部の供物には宇宙の主要な構成要素を象徴するという特徴もある。その代表は、プルゲンバル（peregembal）という供物である。これは、油で揚げた米粉団子のパーツを組み合わせた供物である。大地をあらわす木、立っている鳥、飛んでいる鳥、卵を孕んでいる鳥（中に卵を埋め込む）、種々の動物、儀礼傘、儀礼幟、田で働く人、着飾り化粧した少女、子をおんぶした少女、男性、建物、種々の花、そして、少女・犬・樹・花などを別々につくってからひとつにまとめた「庭」、方位に対応する諸神の神器、などが主要なパーツである。ちいさなプルゲンバルはこれらのパーツをヤシの葉でつくった筒状の容器に入れ、おおきなものはパーツを３メートル

ほどの高さに組み上げる。プルゲンバルは宇宙を満たす諸要素をひとつに凝縮した供物である。

プルゲンバル

　プルゲンバルにかぎらず、供物をつくる際には、細部の装飾にまで注意をはらい、美を演出しようと工夫を凝らす。この美への配慮によって、さまざまな供物は多彩な形状および色彩を付与される。行為としての供物にも物質的な供物にも、演者／作成者の個性、創意工夫、アドリブが介在する。そのため、いかなる機会にいかなる供物がもちいられるかはほぼ決まっているが、細部にいたるまでまったくおなじ外観の供物や演劇もない。こうした神への心遣いとそれがもたらす多様性も、バリの供物の特徴である。ここに、地域による慣習の差異や人々の改良も加わる。それらの要因が絡み合って、人々の宗教活動は複雑で多様なものとなる（第7章）。

　さて、さまざまな供物で構成される諸儀礼には、ひとつ共通の特徴がある。それは「ラメの実現」という点である。ラメ（rame）は複雑でにぎやか、満ちあふれた、といった意味のバリ語であり、興奮、事物の過剰、クラウハン（トランス）や闘鶏の激しさや盛り上がりなども意味する。ラメはバリ人と神が好む事物の状態である。儀礼は、できるかぎり質量ともに豊かな供物をもちいて、ときには過剰なまでにラメになるよう、つまり盛大になるよう、演出される。儀礼秩序をときにぶち壊しにするクラウハンや、違法行為である賭博を伴う闘鶏も含め、儀礼は全体としてこれらさまざまな意味の様相をもったラメ的な状況を実現することに向けられている

（吉田 2005, 2020a）。

　ただし、これには３つの点を補足しておく必要がある。ひとつは、こうしたラメなつまり豪華な儀礼活動に参画できる者とできない者との間の格差が拡大しているという点である（第７章）。いまひとつは、人々が重視する祈りは、「ラメの実現」の対極にある行為であるという点である。祈りの際にはお祭り的な楽しさや感情の高まりは抑制されることになる。もっとも、そうした厳粛な雰囲気こそ、祈りに集中しようとする者にとっては至高の「楽しみ」ではあるが。このように、祈りと供物献納とは相反する性質をもっている。もうひとつは、儀礼を過度にラメにすることはよいことではないという考え方が、宗教改革の過程で徐々に浸透してきているという点である。つまり、儀礼をラメにしようとする根強い志向がある一方で、多大な物資を無駄に消費するべきではないという考え方もあるのである。たとえば火葬の簡略化はその一端である。

　このように、宗教改革は、物資つまりは供物の消費から成り立つ儀礼活動に反省の目を向けようとするものであった。それについては、第10章および第12章であらためて触れることにする。

おもな儀礼とその概要

　儀礼のおもな舞台となるのは寺院、屋敷寺、屋敷地、墓地などである。ただし、それ以外にも、バリには無数ともいえる祠や社が水田・水路・山・道の脇・樹木・村の境界などにある。ある儀礼を行う際に臨時の祠を建てることもあり、そうした社や祠にも供物をささげる。ただ、オダラン（odalan）と呼ばれる祭礼が行われるのは、寺院（プロ）と屋敷寺（サンガ／ムラジャン）にかぎられる。

　儀礼には、最高（utama）・中（madia）・軽格（nista）という規模のちがいもあるが（中村 1994a: 43）、その性格によって５つに分類される。第８章で触れたパンチョ・ヤドニョである。その５つとは、神の儀礼（Dewa Yadnya）、鬼神の儀礼（Bhuta Yadnya）、人間の儀礼（Manusa Yadnya）、死霊の儀礼（Pitra Yadnya）、司祭叙任儀礼（Rsi Yadnya）である。ただし、人々は儀

**オダランに結集する
バロン**
（小高雅彦氏撮影）

礼を、オダラン、火葬、ムプガットなど、個々の具体的な儀礼名で認識す
る。また、およそあらゆる儀礼に神とブト・カロ双方への供物献納が伴う
のであって、人々が具体的な名前で呼ぶ諸儀礼は複数のパンチョ・ヤドニ
ョの特徴をあわせもつことになる。さらに、バリアンが実施する治療儀礼
や、ヒンドゥーへの改宗儀礼などが、どのヤドニョに分類されるかは、私
が知るかぎり不明確である。パンチョ・ヤドニョは、個々の儀礼の実態か
ら遊離した教義上の概念にとどまるといってよい。

　以下、さまざまな供物献納行為や儀礼の多様なあり方の中から、おもな
ものに絞って概要を記述する。

①サイバン（sabian）
　サイバンは、朝の炊き立てのご飯をバナナの葉の小片にのせたものであ
る。バリ人は、毎日ご飯を炊くとサイバンをつくり、屋敷地や建物の所定
の箇所におき、神々とブト・カロにささげる。
②チャナン（canang）
　チャナンには多様な種類があるが、「普通のチャナン」とも呼ばれるチ
ャナン（canang genten,canang sari）は、もっとも基本的な供物であり、複雑
な供物の中にも使用される。このチャナンは、サイバンとおなじように毎

日屋敷地等の所定の箇所におく。そして花で水をふり（sirat, nyirat）、供物のエッセンス（サリ）を、風をあおいで神に送り届ける。サイバンにはこれらの行為は伴わないが、水をふったり風をあおいだりする手続きは供物献納に不可欠の行為である。なお、サイバンもチャナンも、理念上は毎日するべきものであるが、実際のところはかならずしも毎日ではない。

③**チャル／ムチャル**（caru, mecaru）

チャル（ムチャル）は、ブト・カロや邪悪な力を祓うための儀礼であり、埋葬・一次葬・二次葬の後、寺院祭礼の前、ニュピの前日、新築・改築の終了後などに行う。また、こうした特定の儀礼の部分儀礼としてだけでなく、単独で行うこともある。チャル儀礼の特徴は、さまざまな動物が供犠獣としてつかわれることにある。儀礼の規模がおおきくなればなるほど、多数のそしてさまざまな種類の供犠獣がブト・カロにささげられる。また、司祭が儀礼を執行し、人々が祈った後で、地面におかれたブト・カロ向けの供物および祭壇（sanggah cucuk）を掃除道具で掃き清める象徴的行為が伴う。

④**オダラン**

オダランは、屋敷寺の場合も寺院の場合も基本形態はおなじである。屋敷寺の場合、オダラン当日（piodalan）の１日だけというのが通常である。司祭が来て儀礼を執行する家もあれば、家族だけで済ます家もある。屋敷寺を中心に各所に供物をそなえ、屋敷寺に集まってみなで祈りをささげる。

寺院のオダランは通常数日にわたる。前日までにチャルをし、神像（御神体）を祠から出し、聖水で清める（ngiasin）。そしてこの神を伴い、行列をつくって特定の泉まで清水を取りに行く（mekis）。そして寺院に戻り、門の前でブト・カロを祓うためのスグ・アグン（segeh agung）儀礼をしたのち、神を寺院内に迎え入れ、所定の祭壇に鎮座させる（memendak）。以上は当該寺院のマンクが主導する。

オダラン当日には、神にもっとも重要な供物をささげる。これは、マンクが行う場合もあればプダンドが行う場合もある。そして数日間におよぶオダランの間、闘鶏、演劇、舞踊などが催される。寺院の成員は、集団と

して各種の供物の準備に関わり、最低一度は自家でつくった供物をもって
祈りに行く。最終日の翌早朝に、マンクが儀礼を執行し、みなで祈りをさ
さげたのち、マンクが神像を祭壇から元の祠にしまい入れ（nyimpan）、オ
ダランを終える。

⑤出生後の儀礼

子が生まれると、後産（胎盤、へその緒、羊水、血）を夫婦の寝室棟の入
り口脇の地面に供物とともに埋める。男子は戸口の向かって右側、女子
は左側である。この後産は、生まれた子の象徴的な4キョウダイ（kanda
empat）であり、守り神的な存在とされる。いまは病院で出産するため、
家に後産をもって帰ってきて埋める。

その後、生後3日目、へその緒がとれたとき、生後12日目に簡単な供
物を用意する。42日目の儀礼（Kambuhan）後、母子ともに寺院や屋敷寺
に入ることができる。3カ月（105日）目の儀礼（Telu Bulan, Lu Bulan）の際に、
はじめて生児は地面に足をつける。それまで生児は神とおなじ天界の存在
とされ、人間のように地面に足をつけてはいけないとされる。ただし、い
まは厳密なルールではない。

生後210日に1歳の誕生日の儀礼がある。これはオトン（oton,
ngotonin）という。寺院祭礼を意味するオダランも、オトンとおなじ「誕生日」
の意味である。オトンの際には、司祭が生児の髪を切り、生児を浄化する。
この儀礼行為の後に屋敷寺で母子が祈る。なお、オトン儀礼を2歳（420日）
や3歳（630日）のときに行うこともある。210日ごとに誕生日はめぐっ
てくるが、供物を用意し司祭に儀礼執行を依頼するのはおよそ3歳まで
である。オトン儀礼は一生のうちに3回はするものとされ、次は後述の
ポトンギギや結婚式の際にあわせてオトン儀礼を行う。

⑥ポトンギギ（potong gigi, metatah/mesanggi/mepandes）

ポトンギギはインドネシア語で「歯を削る」を意味する。バリ語ではム
サンギなどという。

ポトンギギでは、上の前歯6本をやすりで削る。教義では、人間の中
にある6つの敵（Sad Ripu; 強欲、人をだます、怒るなど）を減じるために6

つの歯を削るとされる。ポトンギギは結婚までに済ませておくべきもので
あるが、それなりの出費を伴うため、通常は兄弟姉妹を同時に行ったり他
の儀礼と合わせて行ったりする。ポトンギギ前に死亡した場合、埋葬／火
葬の前に歯を削る。歯を削って一人前という考え方があるからである。儀
礼当日は、祓いの儀礼（mebiakala/mebiakaonan）の後、プダンドやその助手
役に歯を削ってもらい、屋敷寺で祈りをささげ、プダンドの浄化儀礼を受
け、最後にさまざまな飲食物を少量ずつ口にする儀礼行為（mepedampel）
に臨む。

⑦結婚式（nganten/pawiwahan）

　バリ人の場合、妊娠後に結婚というパターンがかなりおおい。これは、
家系のつながり（父系社会なのでとくに男子をもうけること）を重視するこ
とから来る。結婚式は、簡素なものから豪華なものまである。以下は比較
的十分な手続きを踏むパターンである。

　まず、事前に新郎方が供物をもって新婦の家に行き、結婚を申し入
れ承諾を得る（ngideh/nunas）。結婚式当日は、祓いの儀礼（mebiakala/
mebiakaonan）の後、家の中庭で、新郎新婦が粥をつくり、買い物をし、新
郎がクリスで新婦のもつ草の編物を刺し貫いた後、2本の枝に渡した糸を
2人で歩いて切る。これは、夫婦一体の食生活・経済生活・性生活、そし
て新たな人生の段階への移行を象徴する行為である。そして水浴び場で新
郎の服を新婦が形式的に洗濯し、服を着替える。こうして身を清め、新た
な姿となってから、屋敷寺で新郎家の祖先に祈りをささげる。

　通常ここまでを午前に行い、新婦の家に向かう。新婦方の屋敷寺で2
人が祈りをささげる。これはプジャティ（pejati）といい、新婦が実家を出
て新郎の家に入ることに祖先の承諾を得るのである。そしてふたたび新郎
の家に戻り、プダンドの浄化儀礼を受ける。

⑧埋葬

　死者が出ると、まず火葬か埋葬（menanam）かを決める。いずれの場合も、
墓地（兼火葬場）に運ぶ前に湯灌をする。遺体に種々の聖水をかけて洗い、
髪や爪を整え、耳、目、鼻、口、肛門などの穴をふさぎ、クワンゲン（kewangen）

と呼ばれる供物を間接部などにおき、布とゴザで遺体を包む。司祭が浄化の儀礼をし、遺族が祈ってから、遺体を墓地に運ぶ。

　埋葬の場合、死者の霊に供物をささげたのちに遺体を埋める。そして埋葬から数日後にムプガット（mepegat）儀礼を行う。家の脇の道に供物と死霊のシンボルをおき、ヤシの枝の付け根部分でできた道具で地面を叩き、死霊を呼び起こす。マンクなどが儀礼を執行し、死霊のシンボルと死者の手土産である供物をもった数名が、売買を象徴する儀式的行為をしたのちに、2本の枝に渡した糸を歩いて切る。最後に人々が手の甲に乗せた小供物（pemegat）を一斉に投げ、儀礼を終える。

⑨**火葬**（ngaben/plebon）

　火葬（一次葬）は、死者の霊を浄化する最重要の儀礼である。とともに、多大な出費と労力のかかる儀礼でもある。一定規模のものであれば、年収の数倍かそれ以上の金額が必要になり、そのために土地などを売却することもある。それもあって、近年は簡素な方法も徐々に浸透している。

　火葬には、個人葬、伴葬（高カストの大火葬に合わせる）、合葬（集落や村合同で実施する）の3つのパターンがある。近年は合葬が主流である。なお、埋葬してあった遺体を火葬にする場合、実際に遺体を掘り起こす方法もあるが、いまは形式的に掘り起こして、遺体の代わりに墓土を少量とって死者のシンボル（人体の絵を描いた木札を入れた白布の包み）に入れ、火葬にする方法がおおくなっている。

　遺体（のシンボル）には供物や食事をささげ、プダンドの儀礼執行により浄化する。火葬の当日、遺体（のシンボル）を塔状の台（wadah/bade）にのせて火葬場に運ぶ。これを、動物などを象った張子（penulangan）に移

火葬
動物を象った張子に遺体を入れて荼毘に付す。

し、種々の聖水をふりかけ、おおくの供物とともに燃やす。今日ではガスバーナーをつかい、比較的短時間で茶毘に付す。そして灰の中から骨（シンボルの場合は木札の灰）を取り出し人型に並べる。その上に、埋葬前の遺体にたいしてと同様、クワンゲンを並べる。次に、

火葬
遺体の骨を人型に並べる。

この遺骨の一部を聖水とともに石臼ですり、これをヤシの実でつくった容器に入れ、布や飾りをつける。この死者の霊のシンボルをプスポ（puspa; 花）という。以上の準備ができると、プダンドが儀礼を執行し、プスポ、人型の骨や灰、死霊や神へのおおくの供物などを浄化し、神と死霊に供物をささげ、祈る。祈りの最後に、手を胸の位置で合わせて死者の霊にたいして祈る。そして、灰や供物を川か海に流す（nganyut）。これから戻るとムプガット儀礼をする。そして、火葬の3日後にチャルをし、場を祓う。

⑩ニェカー／ガスティ（nyekah/ngasti）

　火葬後に再度の火葬を行う。この二次葬の習慣は、形態は異なるものの、インドネシアの別の民族にも見られる。バリでは、一次葬により浄化された死者の霊は、二次葬をして祖霊神になると考えられている。二次葬は神の儀礼であり、人々は白の正装をまとってこの儀礼に臨む（鏡味1992）。

　まず、すでに二次葬を済ませたプダンドの霊（betara lingga）をプスポにおろし、専用の祭壇におく。このプダンドの霊が、二次葬の対象となる死者の霊をあの世に導く先導役となる。二次葬では、死者の霊のシンボルとなるプスポを、ワリギン（waringin; 沖縄でいうガジュマル）の葉でつくる。各集落でどのワリギンの樹の葉をもちいるかは決まっている。こうしてできたプスポをプダンドが浄化し、用意した祭壇におき、その脇に供物や火のついた蝋燭をおく。翌朝、遺族がプスポを燃やし、火葬の際と同様に灰

を石臼ですり、これをヤシの実でつくった別のプスポに入れる。そして祈りをささげ、これを海に流しに行く（nganyut）。

　二次葬の後日、あらためて死者の霊のシンボルとなるプスポをつくり、これをもってブサキ寺院とその周辺の寺院をまわり、祈りをささげ、聖水をもらう。そして家に帰り、屋敷寺にこの祖霊神を迎え入れる（memendak, nuntun）。こうして、死者の霊は屋敷寺で祀られる祖霊神に組み込まれたことになる。

おわりに

　以上、本章では寺院、暦、供物、おもな儀礼の概要について記述した。儀礼の次第は地域によって、また規模によってさまざまであり、以上は私がウブド周辺で参与観察したものを中心に、そのあるパターンについて述べたものにすぎない。言及を省略した儀礼もあるが、いったん供物と儀礼については筆をおき、次にバリ宗教の別の局面に論点を移すことにしたい。

第10章
宗教改革の道程

　本章では、歴史人類学的研究の成果を参照しつつ、これまでも触れて
きた宗教改革の概要について記述する。なお、詳細は拙書（吉田 2005,
2020a）で記述している。

植民地時代の萌芽的運動

　植民地時代に官吏や教員の職にあったバリ人エリートは、マレー語やオ
ランダ語に馴染んでいた。バリの植民地統治の中心地であったブレレン（現
シンガラジャ）では、こうした人々が言論活動を行う団体を立ち上げ、パ
ンフレット的な同人誌を発行するようになった。もちいられたのはバリ語
ではなく、植民地時代のリンガフランカであるマレー語（のちのインドネ
シア語）であった。彼らはバリや東インド諸島全体のあるべき将来につい
て議論を交わし、思索した。こうした動きは 1920 年代に本格化し、南部
バリの一部地域にも広がった（Picard 1999, 2004, 2011b: 119; Putra 2011:
28-30, 68）。

　単純化して述べれば、彼らの中には 2 つの立場があった。ひとつは高
カスト中心の、カスト体制やバリの伝統に価値を見出す保守的な立場であ

り、もうひとつはスドロ出自の新興エリート中心の、伝統を刷新し近代的な社会の方向性に舵を切ろうとする立場であった。もっとも、ブレレンではこの2つの立場の人々がおなじ団体に属し、たがいに討議していたのであって、その対立関係よりも両者の共通認識に着目する方が重要である。その共通認識とは、①オランダ領東インドの中ではジャワ人やムスリムが多数派であり、バリ人ヒンドゥー教徒は少数派にすぎない、②バリ固有のアダットやヒンドゥーというアガマにもとづく「バリ人らしさ」(kebalian)は、カストの差異をこえてバリ人に共有されている、③ジャワやイスラームの動向を参照しつつ、このバリ人らしさを起点に、バリの社会や宗教を近代化し時代に適合させなければならない、といった点であった。

　保守派は、バリのヒンドゥーはバリという土地のアダットと密接に結びついたものにほかならず、それを必要以上におおきく変えることはバリ人らしさの喪失につながる、したがって時代に合わせた一定の改革にとどめることで十分である、という考え方であった。他方、改革派は、ヒンドゥーをイスラームのように洗練させたアガマへと変えていくべきであり、そのためには因習としてのアダットのあり方に切り込まなければならない、という考え方であった。この考え方の開きは、言論活動を通じてよりおおきくなっていったようである。おなじ同人誌を作成し読み合い、議論を重ねる同志であった彼らは、こうして2つのグループに分かれ、それぞれの立場をより先鋭化させていった。

　後者の改革派の立場の中心人物のひとりは、高カストは特権に恵まれており、その基盤はカスト体制という前近代的なものにある、こうした悪しきアダットと結びついたバリのヒンドゥーを改革し、西欧的な近代化の方向に進むべきである、と主張した。これにたいして、保守派の中心人物のひとりは、重要なのは、西欧的な教育とバリ式の教育（古文書の学習）とのバランスを取りつつ、バリの伝統文化を尊重し保持していくことであると主張し、改革派グループを「共産主義者の巣窟」と呼んで非難もした。カストの秩序を否定することはバリの伝統全体を否定する暴論である、バリ人は祖先からこの秩序を継承したのであって、それは古文書の教えにも

とづいている、カストを否定する者は「バリ人らしさ」が何であるのかをわかっていない、というのである※9。

　たいして改革派は、アダットはバリ人にとって重要なものではあるが、現状そのままであってよいわけではない、カストの特権を撤廃し、人が出生ではなく個人の能力によって評価される社会が実現されなければならず、カストや性による差別は許されるものではない、また、ブラフマノ階層や司祭らが古文書や宗教知識を独占しつつ儀礼を支配し、人々が盲目的にそれにしたがっている現状もあらためられるべきである、宗教知識を彼ら一部の者から解き放って、インドの聖典とともに一般の人々にも広く流通させ、不要なアダットの要素を除去することで、バリの宗教そして社会は近代化されるのだ、と主張した（Picard 1999; Vickers 2000（1989）: 235-248）。

　両者の主張の対立点は、保守派がバリのアダットとアガマは本来切り離すことのできないものであるとみなす一方、改革派がアダットからアガマを切り離すことによって本来あるべきアガマのあり方を獲得することができるとみなす、という点にあった。前者は、アダットとアガマが一体となったものとしてのバリ固有のヒンドゥーをできるだけそのまま時代状況に合わせていくような近代化の方向性を、後者は、現行のバリ宗教を大胆に改革し、不要な因習としてのアダットを削ぎ落とした新たなヒンドゥーへとつくりかえていく近代化の方向性を、それぞれバリ宗教の歩むべき未来としてイメージしていたのである。では、後者において、いまだ見出されていない追求すべきアガマの方向性とは具体的にはいかなるものなのか。彼らは、当初は高カストとともにジャワのヒンドゥー的伝統に親近感

※9　ただし、保守派の主張を組み立てる素材である「カスト」「アダット」「アガマ」「ヒンドゥー」などの概念は、植民地時代にオランダ人を介してバリ人に内面化されたものであった（第5章・第7章）。バリ人が自らを「バリ人」と認識し、「ヒンドゥー」という語で自らの「アガマ」を捉え、「バリ人らしさ」をアガマとアダットにもとづき語るようになったのは、20世紀の植民地時代である（Picard 2011a: 9, 2011b: 139）。このように、保守派ないし伝統主義者の認識や言説もまた、植民地体制下での近代化の産物であった。

を覚えていたが、言論活動を通して、ヒンドゥーというアガマのあるべき姿やその根拠をインドに、とりわけバリにはそのままのかたちで伝わらなかったインドの聖典に、もとめる方向性を明確化していった。そして、カストを否定すべき因習の側に位置づけた。カストはインドにも存在し、かならずしもバリ固有のアダットとはいえないが、おそらく彼らは、カストをアダットと位置づけ理解したオランダ側の認識枠組みの影響を受けていたと考えられる。また、付言すれば、彼らが問題視するカストの特権は植民地体制下において制度化されたものでもあった（第5章）(Picard 1999, 2011b; Putra 2011: 32-39)。

　さて、ここで当時のオランダ領東インドの動向について簡単に振り返っておく。共産党勢力は、1920年代半ばに植民地政府の弾圧を受け、ほぼ壊滅した。これにより、独立運動の担い手の中心は1927年にスカルノらが結成したインドネシア国民党となった。1928年の全国青年大会では、インドネシア語を国語とするインドネシア民族が建てる国インドネシア、という理念が公式に示された。植民地政府は、このナショナリズム運動にたいする弾圧と自治政策を強化していった。そうした動向は、上記の2つのグループの言論活動にも影響した。とくに改革派のグループには、政府の強い圧力がかかった。1928年2月に、このグループは最後となる会議を開いた。そこには先述した保守派の中心人物も招かれていた。保守派のグループも、1931年に同人誌を廃刊とした。この保守派の中心人物は、世界恐慌の年でもあった1929年に、旧王の地位に相当する8名が行政官としての地位を認められたことについて（第5章）、「バリ島はふたたびバリになるのだ」と論評していた（永渕 1998, 2007; Picard 1999: 33-35, 47; Putra 2011: 29, 70)。

　1930年代にも、エリートたちの言論活動は別の種々の機関誌を媒体に継続された。コヴァルビアスは『バリ島』の中で、バリの若者たちが伝統文化に違和感を抱くようになったと記していた（第1章）。それは、改革派の考え方が広まりつつあったことを指していたのかもしれない。

　ここで、改革派グループの同人誌の後継に当たる雑誌に1937年に掲

載された「アガマに関するわれわれの当惑」という論文に触れておきたい。そこでは、非バリ人の目にはバリ宗教がインドに由来するヒンドゥー教と土着のアダットの混交体のようにみえるため、彼らはバリ人を、アガマをもたず、あらゆるものを崇拝するアニミストとみなすのだ、と論じられている（Picard 1999: 40, 49; Putra 2011: 30-32, 38-39）。この論文の論理は、バリのアガマをアダットから切り離しインドのヒンドゥーを参照しつつ再構築しようとする、1920年代後半のスドロ出自のエリートたちが提示した論点を踏まえたものになっている。この1930年代後半、バリの知識人たちは、自分たちの宗教やその神を何と呼ぶべきか、インドのヒンドゥーとの関係はどうあるべきかといった点をめぐって議論した。ただ、この時点では、複数案の中から神とバリ宗教の名称を確定するにはいたらなかった。その解の発見は、戦後にもち越されるのである。

インドネシア共和国の成立

　日本軍による蘭印侵攻作戦は、1942年1月のカリマンタンのタラカン島奇襲上陸とスラウェシのマナドへの落下傘部隊上陸からはじまった。2月18日にはバリのサヌール海岸に上陸し、3月1日にはジャワ島に上陸、9日にはオランダ軍を全面降伏させた。バリでは、在住欧米人の数がすくなく、駐留するオランダ軍もなかったことから、日本軍はほとんど抵抗を受けることなく島の占拠に成功し、6月にはオランダが敷いた組織とほぼおなじ構造の間接統治体系を立ち上げた。オランダはバリで伝統文化を尊重する姿勢をみせたが、日本側はこれを反啓蒙・蒙昧政策として否定し、軍事や組織の面では近代的なものを導入しようとした。しかし、それは、強圧的な支配、過酷な労働徴集、日本文化の強制、そしてオランダ時代以上の搾取を伴うものであった。1944年半ばからはジャワと連携した反日本軍運動がバリでも顕在化した（深見 1995: 34-36; Robinson 1995: 70-94）。

　日本の敗戦が濃厚になった1945年4月、王族と有力領主や司祭、そして民間人であったが通訳・民政部顧問としてバリ統治に尽力した三浦襄らが集まって会議を開き、「プダンダ連盟」とも呼ばれた新たな組織（Paruman

Pandita Dharma/ Pedanda Renmei）を設立した。プダンダ連盟は、バリ宗教の至高神を太陽神（Sanghyang Surya/ Siwa Raditya）と位置づけ、日の出と日の入りに拝むことを規範として掲げた。この団体は、バリ宗教にもともとあったスルヨ信仰の側面を、日本の太陽崇拝につなげて強調し、太陽に向かって拝む日本的習慣をバリ人にも強いたと考えられる。だが、プダンダ連盟の活動は、8 月 15 日の終戦そして 9 月 7 日の三浦の自決とともに幕を閉じた（Bakker 1993: 45-46; 長 2011; 戸川 1984）。

　1945 年 8 月 17 日、ジャカルタでスカルノがインドネシア共和国の独立を宣言した。スカルノら独立指導者たちは、憲法の制定、正副大統領の選出、中央と地方の行政体系の整備など、国家建設を速やかに進めようとした。しかし、オランダは、大戦前に間接統治体制を敷いていた地域に傀儡国家や自治領を立ちあげ、次々と共和国からその領土を奪い取っていった。バリでは、共和国派の地方政権がブレレン（シンガラジャ）に成立し、先述の改革派グループ所属の教員の教え子たちがこれを支えようとしたが、実権の掌握にいたらず、8 自治官（第 5 章）らが統治権の移譲を受け、1945 年 12 月からバリを統治した。そして、バリはオランダが立ち上げた東インドネシア国（Negara Indonesia Timur）に帰属した。旧王族・領主が実権を握るバリは、親オランダ派勢力の優勢な地域であった。各地で共和国派と親オランダ派との対立や戦闘はつづいた。しかし、共和国勢力の粘り強い戦い、植民地から独立したアジア・アフリカ諸国の声を受けた国際世論、共産主義の拡散を食い止めたいアメリカの外交圧力などを背景に、1949 年にオランダからインドネシア共和国勢力への主権移譲が成った。これを転機に各地で共和国派が優勢となり、インドネシア共和国は1950 年に単一の国家として再出発した（Bakker 1993: 46-47; 深見 1995; 鏡味 2000: 69-72; 永渕 2007: 133-139; Stuart-Fox 2002: 309-310; Vickers 2000 (1989)：252-258）。

アガマとしての公認

　さて、バリは小スンダ州の 1 行政単位としてインドネシア共和国に組

み込まれた。共和国政府は、パンチャ・シラ（Panca Sila）という建国5原則を掲げていた。その第1条項は「唯一至高の神への信仰」である※10。イスラームとキリスト教（カトリック・プロテスタント）はこの条項に合致する「アガマ」として国に認められ、宗教省から信者や組織に一定の財政支援がなされた。一方、土着の宗教──アダットにもとづくものであり、アガマと区別され、「俗信」（kepercayaan）などと呼ばれた──はそうした支援の対象とされなかった。「俗信」を信奉する人々は、こうした国の宗教政策を改宗への無言の圧力と受け止めた。このように、戦後のインドネシアでは、アガマは政府公認の宗教というニュアンスをもつようになった。

　バリでも国家の宗教政策に不安や失望が広がった。共和国宗教省は、バリがあらためて共和国に組み込まれた後の1950年12月に、代表団をバリに派遣してヒンドゥーの扱いについて検討する姿勢を示した。代表団にたいして、バリ側は、バリ宗教が唯一神（Sanghjang Tunggal）を奉じるアガマであり、パンチャ・シラに合致していると述べ、これをアガマとして公認するようもとめたが、バリ宗教の正式名称、教義体系、聖典、神観、祭祀儀礼、聖地、宗教学校の有無などについての回答がいずれもあいまいであると指摘され、すぐに共和国政府がヒンドゥーをアガマとして公認することはないということを痛感させられた。そして、こうした点を明確にすることこそ、政府によるアガマ公認に不可欠であることを、バリの指導者たちはあらためて認識した（Bakker 1993: 225-226; Picard 2011c: 488-489; Ramstedt 2004: 9-10; Stuart-Fox 2002: 310-311; Swellengrebel 1960）。

　1950年代のバリ社会では、政府にヒンドゥーをアガマとして公認してもらうためのさまざまな動きが生まれた。その中で、ヒンドゥー神学の文献をインドネシア語に翻訳したり、インド人のヒンドゥー教学者・サンス

※10　パンチャ・シラの5原則は、①唯一至高の神への信仰、②公平で文化的な人道主義、③インドネシアの統一、④協議／代議制の中の英知によって導かれる民主主義、⑤全インドネシア人民にたいする社会的公正、である。なお、世紀の変わり目のインドネシア民主化の中で、パンチャ・シラを唯一の組織原則とする制度は廃止され、「俗信」を信仰する自由も認められた（村井 2013; Picard 2011a: 17-19; 佐藤 2011: 69-70）。

クリット学者をバリに招いて教示を仰いだり、今後の宗教改革の担い手となる優秀な若者をインドに留学させたり、といった活動も展開された。これらインドのヒンドゥーと連携する具体的な行動により、バリ宗教のあるべき姿をインドにもとめる認識はさらに定着していった。そして、第8章で記述したように、唯一神の名称が確定され、イスラームの礼拝に似た祈りが考案されるなど、ヒンドゥーの教義の基礎も整えられていった。

　このころ、保守的な考え方が一掃されていたわけではない。改革は必要かもしれないが、インドのヒンドゥーを借りてきてバリの宗教を再建する必要はない、そもそもアガマとして公認されなくてもよいではないか、という意見も一部にはあった。しかし、こうした立場はすでに少数派となっていた。共和国政府の宗教政策に照らせば、インドのヒンドゥーを根拠としつつ、唯一神・聖典・教義・礼拝など、イスラームやキリスト教に類似または対応する要件を整えることが、バリのヒンドゥーをアガマとして公認してもらい、他宗教への改宗リスクを排除するための、おそらく唯一の方策であることは、保守派や高カスト層にとっても明々白々であった。こうして、戦後の宗教改革は、かつての改革派つまりはスドロ層エリートたちの主張に沿った方向に固まっていくのである。ただし、その戦後の改革を主導する担い手の中心は、高カスト出自の人々となった。ヒンドゥーの教義やインド哲学に詳しい専門家やバリ地方政府の高官を務める者など、指導層のおおくはブラフマノ層や旧王族領主層であったからである（Bakker 1993: 226-229; 永渕 2007: 155-159; Picard 1999: 41-42, 2011c: 491-500）。

　1958年、バリは州に格上げになった。この年の6月に、デンパサールで「バリヒンドゥー教」（Agama Hindu Bali）という名称での政府公認をめざす決議が採択され、代表団が同月バリのタンパクシリンにある別荘（1957年に建設）を訪れたスカルノ大統領に非公式に会い、この決議書を直接手渡し、力を貸してほしい旨の陳情を行った。スカルノは母がバリ人であり、ヒンドゥーとバリに親近感を抱いていた。ヒンドゥー公認問題は、この陳情の直後に決着した。7月にジャカルタの宗教省を訪れたバリ

側代表団に、宗教大臣が「バリヒンドゥー教」をアガマとして公認する旨、回答したのである。1965 年にあらためて「ヒンドゥー教」（Agama Hindu）という名称での公認となった。1959 年には宗教省の中にヒンドゥーを管轄する部局も正式に設置され、1963 年にはデンパサール（1960 年に州都となった）に宗教省バリ支部も設置された（Bakker 1993: 229-230; 福島 2002: 334-335; 永渕 2007: 163-178; Picard 2011b: 124-126, 2011c: 501-505; Ramstedt 2004: 12; Vickers 2011: 477）。

　以上の経緯について、ここで 3 点確認しておきたい。第 1 点は戦前と戦後の間にあるねじれである。バリ宗教は、戦前のスドロ出自の改革派グループが思い描いた、インドのヒンドゥーに依拠するかたちでアガマとしての形式を整え、公認された。しかし、戦後の改革運動のおもな担い手は高カストの指導者であった。しかも、公認を受けた当初の名称「バリヒンドゥー教」は、実は戦前の保守派が掲げていた名称であり、当時のスドロ出自のエリートたちは、バリの伝統重視につながるという理由から、この名称の使用に否定的であった。Agama Hindu Bali は、「バリの」ヒンドゥー教であることを強調する表現であり、改革派は、バリという点を相対化し「ヒンドゥー」を強調する Agama Bali Hindu という名称がよいとしていたのである。このことが示すように、1950 年代末のヒンドゥーのアガマ公認は、スドロ出自層ではなく、高カストの人々を中心に勢力がまとまることによって成就したのであった。

　第 2 点は、スドロ出自であるか高カスト出自であるかはともかく、いずれにせよエリート集団によるいわば上からの改革がこの認知にいたる活動の実質であった、という点である。イスラームを参照しつつ、インドのヒンドゥーの聖典に根拠をもとめ、唯一神、教義、礼拝など、アガマにふさわしい形式を整備し、啓蒙運動を実践し、政府要人や政府機関と公式・非公式の交渉を行ったのは、バリ社会を主導する知識人層であった。この主体的に関わった（一部の）エリートたちと、受動的にしか関わらなかった大多数のバリ人との乖離こそ、アガマとしての認知を受けるまでの過程がもつ特徴であった。

したがって、この公認までのところ、エリートたちが構築した新たな宗教理念像と人々の宗教実践との間には乖離があった。それゆえ、この理念像はここから本格的に実体化されねばならなかった。この理念を後追いする実体の構築という点が第3点である。諸神・鬼神・祖霊・霊魂などに供物をささげる多神教的な儀礼活動から成り立つ人々の宗教生活の中に、唯一神信仰としてのアガマにふさわしい新たな規範を導入し、ヒンドゥーのあり方を再創出していくこと、これが次なる課題となったのである。それを担ったのが、新たに結成されたパリサド（Parisada; 評議会の意）という組織であった。

パリサドの諸活動

　1959年2月、宗教改革・公認運動に関わったバリの諸団体は、ひとつの新たな統一組織を形成した。これがパリサドである。インドネシア語風に読めば「パリサダ」であるが、本書ではバリ語風に読んで「パリサド」と表記する。設立当初の名称はバリヒンドゥー教評議会（Parisada Dharma Hindu Bali）であり、後にインドネシアヒンドゥー教評議会（Parisada Hindu Dharma Indonesia, PHDI）となるなど、正式名称は変わっていくが、以下ではこれらを含め、この組織をパリサドと略記する。

　パリサドは、宗教省のヒンドゥー部局を側面から支える機関として設立された。主要メンバーは、バリ州知事、宗教省のバリ人高官、先の陳情や決議に関わった諸団体の幹部、ロンボックのヒンドゥー組織の長、バリの各県からの代表、バリの国立大学教員のヒンドゥー学者などであった。官民の有力者たちが結集したことで、パリサドはこれ以降バリ人社会全体におおきな影響力を行使する存在となる。また、パリサドは、1968年に当時のスハルト大統領を支持する翼賛的団体（Gorongan Karya; GORKAR）と結びつき、選挙の集票に貢献するようにもなった。しかし、こうしたパリサドの姿勢にたいしてリベラルな知識人は批判的であった。バリ社会の中に、パリサドにたいする批判の声はその後も伏流した（Bakker 1993: 230-231, 242-252; 永渕 2007: 205-208; Rudyansjah 1986）。

　パリサドはブラフマノ司祭を中核と
する組織体制をとったが、パリサドに
結集した諸団体のおおくはサトリオや
ウェシオ層を中心としており、それぞ
れの立場や見解をもっていた。パリサ
ドへの結集をもって解散した団体もあ
ったが、存続する団体もあり、一部の
勢力はパリサドから離脱した。パリサ
ドの内部にとどまったメンバーの中で
も、インドネシア諸地域への布教拡大
やインドとの連携強化などをめぐって
は、意見の相違があった。また、ブラ
フマノ司祭中心・高カスト中心の体制
にたいして、スドロ層のバリ人、司祭

デンパサールのジャガトナト大
寺院のパドモサノ

でない平信徒、非バリ系のヒンドゥー教徒らは批判的であった。こうし
た潜在的な対立は、21 世紀になってパリサドの分裂というかたちで表出
した（Bagus 2004; Bakker 1993: 251, 298-300, 316-321; Howe 2005: 96-97,
102-103; 永渕 2005; Picard 2011b; Rudyansjah 1986: 18-22）。

　パリサドによるおもな取り組みを列挙する。①パドモサノ（第 8 章・第
9 章）を欠落させた、カヤンガン・ティゴなどの主要な寺院について、唯
一神を祀る社としてのパドモサノを新たに建立するよう指導した。ただし、
パドモサノを欠いた寺院はいまもある。②唯一神を祀る新たな寺院である
ジャガトナト大寺院（Pura Agung Jagatnatha）をバリ内外の都市部に建設した。
この寺院は、通常のバリの寺院と異なり、大小多数の社や祠はなく、ほと
んどパドモサノだけからなり、パリサドが管理するものである。③教義の
体系化、啓蒙活動、ヒンドゥー教大学の設立など、アガマとしてのヒンド
ゥーの確立・浸透および司祭養成の制度化を進めた。学校での宗教教育や、
行政の末端に当たる村や集落での行事や会合を通して、人々はヒンドゥー
の基礎的な知識と実践を体得した。司祭の秘儀的知識であったマントロの

書店で売られる宗教本
上段は、左から『リグ=ヴェーダ』、パリサドの機関誌、ワリゴ、サイババの本。下段は、左からトリ・サンディオ、パンチョ・ヤドニョの本、ヒンドゥーの教義書『ウポデソ』など。

一部も社会に共有されるようになり、今日では司祭のマントロに合わせて自らマントロを小声で口にする者もいる。④宗教実践面での行為規範の確立・浸透を進めた。トリ・サンディオなど唯一神に直接人々が向かい合う行為を重視するとともに、儀礼における過剰な物資の蕩尽を戒めた。その一方で、古文書の記載に照らし、これまで行われてこなかった盛大な儀礼をブサキ寺院で新たに催行するようにもなった。このブサキ寺院における大儀礼の前に火葬を済ませておく必要があるという規範も掲げ、これが浸透していく中で合葬形式の火葬が諸地域に広まっていった。サラスワティの日の行事や、国民の祝日となったニュピの日の沈黙など、パリサドによって画一化された規範が社会にさらに浸透した。⑤司祭間、そして司祭と平信徒間の平等性を謳った。司祭の特権性を認めないことはパンチャ・シラにも合致していた。もっとも、この司祭の特権性の否定は十分浸透していかず、バリ社会ではプダンドを最高司祭とみる認識はなお強く保持されている。⑥バリ島外に住むバリ人・非バリ人のヒンドゥー教徒を支援し、ヒンドゥーのインドネシア化を模索した。パリサドは、1964 年に名称から「バリ」を外して Parisada Hindu Dharma とした。そして、当時のインドネシア全 27 州に支部を設置した後の 1986 年に、非バリ人を長に選ぶとともに、Parisada Hindu Dharma Indonesia に名称変更した。

　しかし、この⑤や⑥の取り組みは、バリの保守的な勢力と、バリ外または都市部在住の改革派勢力との間の溝を深める結果となった。後者は、バリ人と非バリ人を含み、バリ人としてのアイデンティティよりもインドネ

シア人ヒンドゥー教徒としてのアイデンティティをより重視する人々といえる。彼らは、パリサドがインドネシア各地のさまざまな民族集団から成り立っているヒンドゥー教徒全体の声を十分汲み取っていない、また他のアガマの組織のように国家レベルの意思決定に十分関与できていない、バリ島内においては村落などの伝統的な組織やその活動に依存しており、ヒンドゥー教徒全体を機能的に組織化できていない、などと主張した。1990年代には、こうした声がパリサドを方向づけるようになり、パリサド本部をデンパサールから首都ジャカルタに移転させる動きも起こった。これにたいして、バリの保守的勢力は反対の声を上げた。バリ島内にも、⑥の脱バリ化・汎インドネシア化の方向性や、⑤の司祭間そして司祭と平信徒間の平等化を支持する人々はいたが、⑤はカスト間の平等性という主張につながるものであり、カストの階層差や司祭への敬意をバリの慣習上の規範とみなす保守的な人々にとって受け入れることは難しかった。両者の対立は2000年代に入って明確化し、保守派の一部がパリサド本部およびバリ州パリサド支部から離脱するという事態をもたらすことになった（永渕2005, 2007: 268-273; Picard 2011b; Ramstedt 2009: 369-371）。以上が、パリサドの活動と近年の動向の概要である。

おわりに

　植民地時代の20世紀前半に起こったバリ宗教の改革に向けた動きは、バリのよき伝統たるアダットを尊重しようとする保守派の立場と、因習たるアダットから決別しあるべきアガマの近代化を模索しようとする改革派の立場との差異を、次第に際立たせていった。ただし、両者の間には、オランダ領東インドにおいてマイノリティであるバリ人の社会とその宗教にたいする一定の共通認識も保持されていた。後者の思い描いた方向性は、戦後に成立したインドネシア共和国が掲げた建国理念とも合致するものであった。バリのヒンドゥーは、エリート層による戦後のさまざまな取り組みを基盤に、またバリとヒンドゥーに親しみをもつスカルノというカリスマの存在を背景にして、唯一神を信奉するアガマとして政府から公認され

るにいたった。しかし、この戦後の改革運動は、かつてスドロ層エリートが理想とした内容を高カストが主導するというねじれを抱えていた。諸勢力が結集して成立したパリサドは、新たなヒンドゥーの教義や規範の確立とその社会への浸透という残された課題を引き継ぎ、これをさらに前へと進めたが、結果的に、世紀の変わり目にはふたたび保守派と改革派に相当する勢力間の溝が顕在化することになった。

　パリサドという組織における保守派の離脱という事態がバリ社会に生きるヒンドゥー教徒全体に与える影響は、現状では限定的なものにとどまると考えられる。もともと、人々はパリサドを身近な存在とは認識していなかった。パリサドの人々への影響力行使は直接的なものではなく、学校・村落などの組織を媒介とした間接的なものであったという点もある。しかし、この離脱は、他のアガマにおけるように、多様なバックグラウンドをもつ信者をまとめ、その声を聴き、これを国の宗教政策によりよく反映させるべきだという、パリサドの多数派のもとめとは逆に、ヒンドゥー勢力の統合にマイナスの作用をもつものとなった。インドネシアにおけるヒンドゥーの向かう今後の道程は、リスク含みのものといってよい。

　本書は、ここから第4パートの戦後の観光に関する記述へと向かう。
まず、本章では、戦後の観光地化のあらましについて整理することにしよう。

スカルノからスハルトそして民主化へ

　前章では、バリが1950年にインドネシア共和国に組み込まれたことに
触れた。ここから、バリの観光開発は共和国政府の下で進められることに
なった。

　ただ、それはある種のジレンマを抱えたものであった。観光再建はバリ
の文化のすばらしさを再確認する契機になりえたが、一方で、オランダと
の独立戦争を戦ったあと、そのオランダがつくり上げたイメージとインフ
ラを基盤としつつ、欧米人の顧客にバリを売り込むことを意味したからで
ある。とはいえ、バリの地方政府もバリ人たちも、戦後の経済復興の模索
の中で観光ビジネスの再開に期待した。1950年代には、戦前から人気の
あった絵画や彫刻などのみやげ物の生産・販売が軌道に乗りはじめ、各地
に現地資本の店舗や宿泊施設も開業した。このころバリを訪れる観光者は
まだ年間2,000人に満たない程度であったようだが、前章で述べた宗教

公認問題が一段落するころには、大衆観光時代の到来に伴う観光開発も本格化するようになった（Vickers 2011: 459-468, 472, 474-477）。

　バリ観光の再興にスカルノは多大な貢献をした。ロバート・ケネディやホー・チ・ミンらの外国要人をバリのタンパクシリンの別荘に迎えてバリ舞踊で歓迎したり、バリ舞踊団を引き連れて外遊したりし、バリ島とその芸能をインドネシア外交に活用したのである。これもあって、バリはインドネシアを代表する魅力ある観光資源をもつ場所として捉えられた。スカルノやティトーらとともに非同盟をリードしたインドのネール首相は、バリを「世界の夜明け」（the morning of the world）と呼んで賞賛した。この文言は、観光地バリの魅力をアピールするキャッチフレーズとして一時期よくもちいられた。スカルノは、日本の戦後賠償金をもとに初の高層リゾートホテルをサヌールに建設し、空港整備にも着手するなど、戦後のバリ観光の基点を設けた。しかし、このホテルが稼働をはじめる 1966 年、スカルノはすでに実質的な国家指導者ではなくなっていた（永渕 2007: 219; Vickers 2000（1989）: 2, 5, 2011: 466, 477-478）。

　スカルノはインドネシア独立の英雄であり、いまも語り継がれるカリスマであるが、国家運営には苦労した。産業振興はままならず、累積債務はふくれあがり、激しいインフレが社会を襲った。1965 年には国連を脱退し、スカルノの健康不安も表面化した。この年の 9 月 30 日、軍部のクー

サヌールの高層ホテル
スカルノ時代にプロ・ダラムを移転させ建てられた高層ホテルには、当該寺院の神を慰撫するための寺院が併設された。ホテルは 1993 年に火災で焼失した。写真はその後継のホテルである。

デタ未遂事件（九・三〇事件／G30SPKI）が発生した。この事件について
はいまだ謎がおおい。一般的には、軍の共産党シンパ勢力が反スカルノ＝
親米勢力を排除しようと数人を殺害し、クーデタをおこそうとしたが、陸
軍のスハルト少将が速やかにこれに対応し事態を収拾した事件である、と
総括されている。スハルトは軍部内で一躍台頭し、実権を握り、共産党
を非合法化した。このときから翌年にかけて、スマトラ・ジャワ・バリを
中心に、共産党員および共産党シンパとみなされた人々——100万人か
それ以上といわれる——が殺害された。バリでも、数万人程度——ある
試算では当時の人口の約5％に当たる8万人——が殺された。バリ社会を
ふたたび不安と恐怖が襲ったのであった。国家の実権をスカルノから移
譲されたのち、スハルトは1968年に正式に第2代大統領に就任した（木
村 1989: 213-246; 倉沢 2014, 2020; Legge 1984（1980）: 266-270; Robinson
1995: 273; 白石 1996: 56-60）。

　スハルト大統領は、スカルノ政権末期の混乱を教訓に、インドネシア
経済の発展と社会秩序の安定を国家運営の最優先課題とした。「開発」
（pembangunan）が国を挙げてのスローガンとなり、バリの観光開発もその
一環として中央政府主導の下に進められた。スハルト体制は、経済発展と
軍事独裁とが結託した「開発独裁」と呼ばれる。バリでは、ジャカルタの
財閥系企業をはじめとする有力資本にバリ観光の利潤が吸い上げられる
という構造も生まれた。ただ、それでも一定の利益は地元に落ちたのであ
り、バリ人側にも開発を受け入れたいという姿勢はあった。インドネシア
の経済発展の裾野が徐々に広がり、恩恵を受ける層の厚みも次第に増した
1980年代後半には、開発独裁体制にも変化があらわれ、地方分権化や環
境問題への一定の配慮もなされるようになった。バリでは国際観光開発が
さらに進み、海外からのものを含む巨額の資本が1980年代以降も継続的
に投下された。スハルトは、1997年のインドネシア通貨危機への対応の
失敗から、翌年辞任に追い込まれた（本名 2013: 18-45; 増原 2010; 松井（編）
2003）。

　インドネシアでは、スハルト政権終焉後をリフォルマシ（reformasi; 改革）

の時代と呼ぶ。この改革期にインドネシアの民主化とくに言論の自由化は進展し、抑圧的な体制の雰囲気も変容した。しかし、社会の混乱もあり、国家の枠組みが固まるまで数年を要した。地方分権への流れが定着し、中央政府にたいする州政府の、州政府にたいする村や集落の自律性が強まった。ただ、一方でジュマーイスラミーヤ（Jemaah Islamiyah）などのイスラーム系武装勢力も台頭した。これは、多数の死者を出した 2002 年のバリ島クタでの爆弾テロ事件の勃発につながった。この事件については第 13 章で触れる。

開発独裁下のバリ観光開発

　以上のインドネシア現代史の概観を受け、戦後のバリの観光地化についてみていくことにしたい。

　すでに触れたように、戦後のバリの観光開発は、スカルノにより方向づけられ、スハルトにより強力に推進された。後者によるバリ島観光開発は、1960 年代半ばの大量虐殺を糊塗するかのように、楽園イメージを再付与していく作業となった。1966 年にサヌールの高層リゾートホテルが稼働し、1969 年にはバリに国際空港が開港した。この年は、インドネシア経済の再建に向けた第一次 5 カ年計画がはじまる年でもあった。この 5 カ年計画には、バリ島の国際的なリゾート開発計画も盛り込まれていた。バリ観光の受け入れキャパシティを飛躍的に増大させ、顧客層の上昇を果たすことで、効率的な外貨獲得を目指そうというのである。その計画は、バリ人の生活圏から離れたところに大型ホテルの集中するシーサイドリゾート地を造成し、ここに滞在する観光者がバリ人の生活圏において展開される文化観光を享受することで、バリの豊かな文化と自然を破壊することなく観光振興をはかることができる、というものであった。このリゾート開発地として白羽の矢が立ったのはヌサドゥア（Nusa Dua）であった。ヌサドゥアは、バリの第一級リゾート地となり、1980 年から本格的に稼働をはじめた（Picard 1996; Schulte Nordholt 2000: 272-275）。

　この開発計画は富裕な客層の誘致をねらっていたが、その見通しはやや

的が外れ、実際にバリにやってきた客層には相当な幅があった。ただ、そうした多様な客層の受け入れには、ヌサドゥア以外の観光地が伸長することで対応した。バックパッカーやいわゆるヒッピーに相当する観光者のおもな受け皿となったのは、空港のすぐ北側に位置するクタであった。クタは、安宿から高級ホテルまでをそろえ、とくにサーファーの集まる観光地となり、歓楽街化していった。猥雑な街となったクタの外に静かなビーチやサーフィンスポットをもとめる観光者たちは、より遠方の観光地を目指した。こうして、東部カランガッサム県のチャンディダサ（Candi Dasa）と、北部ブレレン県のロヴィナ（Lovina）が観光地化していった。さらに、これら海岸部の観光地にたいして、内陸の森林や田園の風景そして芸能・芸術をもとめる観光者たちは、ギャニヤール県のウブドと隣村のプリアタンに集まった。サヌールは、大規模ホテルで占められたヌサドゥアとは趣の異なる、落ち着いたビーチリゾートとしての評価を固めていった。このように、ヌサドゥア開発に刺激されて別の地域にも観光振興の波がおよび、これら観光者の滞在する拠点とその他の観光スポット——たとえば、バトゥール山とそのカルデラ湖、ブラタン湖、ウルワトゥ・タナロット・ブサキなどの寺院、バトゥブランのバロンダンス会場、バリアゴとされるトゥガナン村、あるいはゴルフ場など——を結ぶ島内の交通網も整備されていった。政府の思惑とは異なる、個人旅行者を含むさまざまな客層が大衆観光時代のバリを訪れるようになり、これが結果的に、複数の観光地のボトムアップの開発に結びついたのである。ただし、1980年代当時のバリの観光開発には地域的な偏りがあった。ヌサドゥア、サヌール、クタといった主要拠点と空港は、いずれもバリ島南部（当時のバドゥン県）にあったからである。その外に拡大する全島的な観光開発は、1990年代から本格化することになる。

　バリ州政府は、ジャカルタの中央政府主導で進むバリの観光開発に対応すべく、有識者の会議を設けて観光開発の基本方針を策定した。それは、バリの文化を観光の基盤に位置づけるとともに、観光の発展のためにバリを利用するのではなく、逆にバリ人の利益のために観光を利用すること

そ重要であって、そのために観光によりバリ文化が汚染されることを防ぐとともにバリの文化がさらに発展する方向を目指す、というものであった。ただし、州政府側が観光による文化の破壊を防ぐことを最優先にしていたとは、かならずしもいえない。州政府は、観光による幅広い地域の発展を強く望み、島内に観光者を分散させ、各県が対等に発展するような観光開発を目指していたからである。一方で、ヌサドゥアを新たに開発するという中央政府の計画案は、自然や社会環境への影響に一定程度配慮し、適切な規模の開発を志向したもので、観光開発によるバリ文化の汚染を防ぐという点も織り込んでいた。州政府側の目論見は、バリの自然・文化をおおきく変える可能性を孕み、費用対効果の面でもハイリスクであった可能性が高い。バリ側の方が開発のもたらす問題に敏感であったとはいえないのである（鏡味 2000: 112-120; Picard 1996）。

観光開発と芸術文化

　このように、バリ社会では、観光開発と文化の維持・発展とのバランスが重要であるという考え方が支持された。これにより、観光にもちいてよい、あるいは役立てるべき文化の部分と、観光に供出してはならない守るべき部分、つまりはアガマに関わる部分とが区別された。これについて述べる。

　まず、神にささげられる神聖な儀礼的舞踊と、観光者に上演してよい世俗的な舞踊とが区別され、前者を観光者に上演することは禁じられた（1973年）。後者の例としては、1960年代後半以降に創作された観光者向けのウェルカムダンスが挙げられる。もっとも、観光用のショーにおいて神にささげられるべき儀礼的舞踊が演じられたり、観光者歓迎用に創作された世俗的舞踊が神聖な儀礼において神にささげられたりといったことは、各地でしばしば観察される。一般の人々は、両者の区別をさほど重視していないのである（Picard 1996: 152-163; 吉田ゆ 2016b）。

　また、観光者に宗教施設への立ち入りを制限する州条例が制定された（1974年）。これを受けて、寺院などの入り口には、観光者向けに英語で

その種の情報を示した看板が設けられた。バリ人とおなじような慣習衣装を身に着けるなど、一定の条件を満たした場合に、一定の範囲で宗教施設に入ったり宗教活動を見学したりすることが許された。

州政府は、観光にも役立つ芸術文化振興政策も展開した。おもな２つに触れる。ひとつは、州立の芸術学校の創設である（1967年）。これはのちに国立の芸術学院となり、バリ芸術の専門家を伝統芸能の実践者による指導と近代的な教育体制を組み合わせて育成する体制が整えられた。もうひとつは、国家予算によるバリ芸術センター（Taman Budaya Bali/ Bali Art Center）の設立である（1978年完成）。そして、ここを舞台に、州政府予算によってバリ芸術祭（Pesta Kesenian Bali/ Bali Art Festival）が毎年開催されるようになった。約１カ月の間、ガムラン音楽と舞踊・劇、他の芸能・文学・歌謡・彫刻、供物や慣習衣装など、バリの宗教文化に関するさまざまなジャンルのコンテストや展示が行われるのである（鏡味 2000: 116-120; Picard 1996; 吉田ゆ 2016b）。この州政府主導の芸術祭は、のちにウブドなどではじまるローカル版の芸術祭や舞踊コンテストの開催を刺激することになった。

以上のように、大衆観光時代の開発が進む 1960 〜 70 年代、バリでは、観光政策と直接的・間接的に連関する芸術文化の活性化が進んだ。当時のバリの世論は、外国人観光者の増大がもたらしていると考えられた、ドラッグ・売春・性の開放・治安の悪化などの負の影響にかなり敏感であった。しかし、州政府高官、学術や宗教界の権威ら、バリ社会を主導する立場の人々は、観光開発そのものにかならずしも否定的ではなかった。彼らは、観光開発がバリ社会にもたらす利益を見越し、芸術文化の保護・育成を積極的に進めたのである。そして、この観光振興・文化振興は、観光市場に供すべきでないアガマの領域をしっかりと守るという方針に裏打ちされていた。つまり、この観光振興と、第 10 章で記述したバリ宗教の改革運動とは、一体の関係にあったのである。

観光開発がもたらす経済効果は、メディアによるバリの魅力の発信や、身近な宗教行事における華やかな舞踊・演劇の体感効果と相まって、バリ

人の自尊心やアイデンティティの強化に寄与した。中には、観光化によっ
てバリの伝統や宗教が破壊されるという懸念の声を上げつづける知識人も
いたが、観光がもたらす負の影響よりも、むしろそれがもたらす効果やメ
リットの方に、大半の人々の目は向かっていった。観光開発にたいする疑
念や文化の汚染にたいする不安は縮小していき、観光開発を肯定する認識
が支配的なものとなっていったのである。ただし、それは、バリの社会・
経済が観光依存体質を深めることと同義であった。そして、観光者たちは、
バリの宗教文化を彩る要素——寺院に刻まれた神々や鬼神、細かな切り込
みのヤシの葉の装飾や色とりどりの供物、少女たちの踊る神々への奉納舞
踊、16 ビートのガムラン音楽、それらの情景を描いた絵画、彫刻など—
—を、楽園バリを生き生きと伝えるアイテムや風景の一部と捉え、これを
消費した。植民地時代におけるバリ観光とおなじような構図が、植民地時
代とは異なる規模と広がりをもって、展開することとなったのである（鏡
味 2000; Vickers 2011: 472-473）。

開発と環境破壊

　順調に推移する観光発展を基盤にした社会・経済の安定成長を背景に、
州政府はバリの観光開発をさらに先へと進めた。第一次 5 カ年計画のバ
リ観光開発計画では、開発してよい地域に制限を設けていたが、1990 年
前後にこの制限を撤廃する政策を採用し、新たな開発重点地域を追加指定
するなど、観光開発をさらに拡散・強化したのである。この新たな重点地
域のすべてが順調な発展を遂げるわけではないが、インドネシア政府の地
方分権化・規制緩和の中で、州政府がかねてから描いていた分散型の観光
開発への取り組みが、いよいよ幕を開けたのである。1990 年代以降、従
来の観光地の周辺に、広大な土地を確保した豪華なホテルや複合リゾート
の建設が進んだ。また、自然体験・エコツーリズム・村落観光などのいわ
ゆるオルタナティヴツーリズムも伸張した（岩原 2020）。このころからジ
ャカルタの富裕層などの国内観光者も増えはじめ、2000 年代以降、クタ
周辺地域などに国内観光者向けのホテルも多数建設されていった。

　ここで注目しておきたい点がある。この国内観光者やオルタナティヴツーリズムを好む客層は、バリの伝統文化や宗教にかならずしも関心を抱いていない人々である、という点である。1990年代のバリは、独特の宗教文化を売り物とする戦前以来の楽園観光地という性格に加え、大衆観光時代に世界の各地で増殖していった、差別化の困難な楽園観光地（第3章）というもうひとつの性格をもつようになったのである。これ以降、後者の性格は次第に強まっていく。ただし、差別化が困難であるということは、バリが観光地としての脆弱性やリスクを高めるということでもある。また、このリスクのひとつに、島内各地における乱開発とい

ジャティルウィの風景
ジャティルウィを含むバリ島中部の広い範囲が2012年に「バリ州の文化的景観：トリヒタカラナ哲学のあらわれとしてのスバック体系」として、バリで最初に世界遺産に記載された。

プンリプラン村（2005年）
村落観光のパイロットモデルとなった村である。屋根は竹葺きであり、バリの家屋の古い形態をとどめるものである。

ってよい観光開発の進行もあった（井澤 2017: 68-74, 77-78, 91-97; 鏡味 2000: 112-120; Picard 1996: 118-133, 2009: 101-102; Warren 2009: 197-199; 山下 1999）。

　観光開発によるバリ島の環境破壊は深く静かに進行した。主要な観光地とその周辺では、次々と土地が切り取られて売買・転売されたり賃貸に付

されたりした。その際、海岸が掘削され、田園や林野が平らげられ、景観がおおきく変わり、サンゴ礁やマングローブの破壊も進んだ。水田耕作の循環システムやかぎられた地下水利用により維持されてきた、水をめぐる生態系バランスが崩壊に向かう地域もあった。世界遺産の一部となったジャティルウィでも、従来のように水田を潤す潤沢な水が得られなくなっている。また、営利追求型のエコツーリズムの伸長が、守るべきはずの環境を破壊しているという逆説も観察される。生態系のキャパシティをこえる開発は、観光者が期待するような「楽園」の要素を提供しうる場所を切り詰めることになる。先に、バリの伝統や宗教が破壊されるという不安が縮小し、観光開発を肯定的に捉えようとする方向に人々の認識が向かったと述べた。文化だけではなく、自然の改変や破壊をも観光開発がもたらし、それがやがてバリ観光そしてバリ社会のリスクとなって跳ね返ってくるかもしれないことへの懸念は、観光に携わるおおくのバリ人に十分共有されなかったのである（海老澤（編）2019; 菱山 2017: 39; 井澤 2017: 61-62, 109-132, 169-177; Warren 2009: 197-198, 201-202, 218-219; 吉田 2013b: 203-230, 2020a: 256）。

おわりに

　本章では、戦後のバリの観光開発の過程を概観した。

　バリは、開発独裁体制のはじまりとともに大衆観光時代に突入した。それは、楽園観光地造成のグローバルな展開過程の中に組み込まれていくことでもあった。サヌール、ヌサドゥア、クタといったバドゥン海岸部の観光地の発展は、この戦後のバリの楽園観光地化のあり方を如実に物語っている。戦後いち早く開発されたサヌールは、バリにつくられたハワイ型ビーチリゾートの嚆矢であった。そして 1980 年から稼働したヌサドゥアは、このサヌールのグレードアップ版として開発されたリゾート観光地であった。クタは、類似の、しかしより歓楽街的なビーチリゾートして、自生的に観光地化していった。また、ウブド、チャンディダサ、ロヴィナは、クタのさらなる差別化として、1980 年代以降に観光地化が本格化した。大

衆観光時代の到来期における中央政府・地方政府の観光開発は、インドネシア内外からの大規模資本の持続的投下を導き、これが現地のボトムアップの観光者誘致の動きと一体化しつつ、東南アジア有数のリゾート観光地としてバリをブランド化させることになったのである。

　1990 年代以降は、インドネシア経済の底上げや政治的安定を背景に、さらに全島的といってよい開発が進み、観光の恩恵が行き渡る地域や社会層も拡充した。2000 年代に入ると、バックパッカーは減少し、客層も相対的に上昇した。ただ、バドゥンの主要リゾート地域と、80 年代以降に開発された周辺地域の観光地域との間、大資本が経営する観光施設と地場の中小資本が経営する小規模施設との間には、利潤の獲得の点でいまも相当な差異がある。規制緩和の下で進む観光開発が後戻りのできないまでの乱開発を惹起している地域もある。観光がもたらすこうした負の一面にも、目を向けておかなければならない。

　戦後のバリ観光の再生と成長の過程において、芸能・芸術は、楽園バリを特徴づけるユニークな商品としてあらためて注目された。しかし、1990 年代以降は、かならずしも芸術に関心をもたない顧客も増えていった。それは、バリが世界各地に展開する差別化の困難な楽園観光地のひとつとなったことを意味する。植民地時代において売り物の中核を占めた独特の宗教文化や芸術よりも、ハワイを模したイメージを具現する楽園観光地としての性格は、今後さらに強まっていく、と私は考えている。それは、植民地時代のバリ観光を念頭におけば「バリ」らしさのさらなる消失であるが、現代のグローバルな楽園観光の趨勢に照らせば「楽園」らしさのさらなる強化なのである。

第12章 観光と宗教の複雑な関係

　前章では、戦後のバリがいっそう観光地化していく、つまりはこの社会の観光依存体質がいっそう深まっていく過程について整理した。では、その過程は、人々の宗教生活にどのような影響を与えたのであろうか。結論からいえば、前章でその一端に触れたように、大衆観光時代におけるバリのさらなる観光地化は、バリの宗教文化を衰退させるよりも、むしろ活性化させる方向に作用したといえる。ただ、そこにはやや複雑な状況がある。本章では、観光の発展と宗教文化の活性化との関係について、考察を加えながら記述していく。なお、ここでいう宗教文化は、供物・儀礼・芸能芸術といったアダットの部分の活性化を指している。これがアガマの部分とどう交差するのかは、本章第2節の中で言及する。

文化のインヴォリューション論再考

　いったん植民地時代に話を戻そう。チャップリンやコヴァルビアスは、近代化・観光化によって楽園バリはやがて滅ぶであろうと捉えていた（第1章）。しかし、1930年代にバリでフィールドワークを行った人類学者のジェイン・ベロは、この予想に反する事態を観察していた。サヌールの人々

は、欧米人観光者や華僑に豚やココナツを売って得た金銭を、儀礼・祭礼における豪華な供物・寺院の装飾・舞踊劇などに費やしている、というのである。ベロは、こうした外部社会との接触がバリの伝統的な宗教文化の弱体化ではなく、その強

観光者でにぎわう日曜朝のウブド王宮

化へと向かわせていると論じた（Belo 1960: vii, 16）。つまり、当時の観光者らが共通に抱いていた滅びの予感とは裏腹に、植民地時代において観光化がバリの宗教文化を活性化する局面もまたあったのである。

　この状況は、戦後の大衆観光時代にさらに強度を増した。おおくの観光者がバリを訪れ、観光の発展がバリ社会の経済の活性化をもたらし、それが宗教活動の活性化へとつながり、見栄えのする供物・儀礼・芸能が観光地周辺で繰り広げられ、これが観光者に楽園バリの生き生きとした姿を実感させ、メディアを通してバリの魅力が内外に発信され、リピーターや新たな観光者がバリを訪れる、という好循環が生まれたのである。フィリップ・マッキーンは、1970 ～ 80 年代の参与観察にもとづき、こうした現象を「文化のインヴォリューション」（cultural involution）と名づけた。インヴォリューションは日本語に置き換えにくい語であるが、通常「進化」と訳される evolution が外向きの旋回を含意するのにたいし、involution は内向きの旋回を含意するので、あるパターンをいっそう内向きに推し進めるような進化を意味する、と捉えておこう。観光化は近代化の一環であるが、それは、通常予想されるようにバリの伝統を破壊する方向に向かわせるのではなく、逆に伝統をさらに強化する方向に向かわせている、というのである（McKean 2018（1989））。植民地時代は政治や教育がバリのバリ化を進めたが（第 5 章）、戦後は観光がバリのバリ化を進めている、とい

うことになる。

　ただ、それはある意味で当然のことでもある。観光者はバリの伝統的な芸能芸術が存続することを願っており、仮にそれらが払拭され、バリがバリらしさのないただの近代的・欧米的な島になってしまえば、多数の観光者を吸引

絵画を売る店舗（ウブド）

することはできなくなるであろうからである――もっとも、21 世紀にはまさにそうなりつつある局面も観察されるのだが――。マッキーンは、バリ人たちもそのことを自覚しており、彫刻家・音楽家・舞踊家としてのスキルを磨くことで近代化に対処しようとしている、という（McKean 2018(1989)：161）。要するに、バリでは近代化と伝統文化の強化はたがいに支え合う関係にある、というのである。

　マッキーンの観察した事実は、植民地時代のベロや、1990 年代以降に私が観察した事実とも重なる。しかし、彼の議論の論理については、3 つの点に注意をはらっておく必要がある。第 1 点は、マッキーンはバリの芸能芸術を古くからつづく伝統文化であるかのようにみなしているが、それは妥当な捉え方ではないという点である。それらは植民地時代の近代化・観光化の中で変化し、いっそうバリらしさを付与されたものにほかならない（第 6 章）。大衆観光時代においても、観光の文脈でバリの「伝統」とされる音楽・舞踊・演劇・絵画・彫刻などは活性化され、新たに創出されている（第 11 章）。マッキーンは近代化の過程にあるにもかかわらず伝統文化が保存・強化されるという論理を立てているが、むしろ近代化や観光化の過程にあるがゆえにバリの伝統文化は保存・強化されているのである（Hobsbawm & Ranger (ed.) 1992（1983）；Picard 1996; 吉田 1991, 2013a）。

　第 2 点は、観光の発展、経済の発展、宗教文化の発展がともに相互強

化し合うという状況は、観光地周辺に顕著に見られる現象にすぎず、バリ社会全体に当てはまるのではないという点である。第7章・第9章で触れたように、現代バリ社会に経済格差とこれを反映した宗教格差（日常生活で宗教に関われる程度の差）はあり、それは今日拡大しつつあると考えられる。都市や観光地から遠く離れ、経済発展から取り残されているといえる寒村地域では、生きるために必要な糧を得ることに苦しんでいる人々もいる（Cuthbert 2015: 333）。若者が村の外に働き口を探しに出ていき、宗教活動に支障をきたすところもある。また、母子の集団が観光地にやって来て物乞いをなりわいとする状況も観察される。さらに、観光地や都市部で暮らす人々においても、華美な宗教生活と観光による経済的な恩恵とをともに享受する人々は決しておおくない。大半の人々は、物価上昇が加速する中、ますますおおくの金銭を必要としながら、その安定した獲得の方途に苦労している。彼らにおいては、経済的恩恵の高まりの程度よりも物価の上昇や支出の増加の程度の方がおおきく、生活は苦しいと感じられている。楽園バリに生きる人々の生活に、観光化や社会変化が負の影響を与えているということにも、十分目配りしておく必要がある。

　第3点は、未来永劫にわたって、観光の発展、経済の発展、宗教文化の発展がともに相互強化し合うとは考えられないという点である。マッキーンの議論は、観光の危機が到来する可能性を視野に入れたものではなかった。しかし、中長期的にみれば、景気は上昇と下降とを周期的に繰り返す。この観光の危機については、次章で2000年代に発生したテロ事件直後のバリ観光の落ち込みについて記述し、あらためて確認することにしよう。

　以上のように、マッキーンの議論が描くような状況はたしかに現代バリで観察されるが、それは多面的な現実の中のひとつの局面なのであって、地域による差異や人々の間にある格差、中長期の経済状況の変動を、念頭におく必要があるのである。

バリの儀礼はなぜ華やかなのか

　さて、以上の点に留意した上で、観光地や都市部など経済的に潤ってい

る地域に顕著に見られる宗教活動の活性化という現象に、あらためて焦点を当てることにしたい。マッキーンは、観光による経済の活性化と宗教や伝統文化の活性化の関係に注目した。しかし、人々の華やかな宗教活動や芸能芸術を支えているのは、かならずしも経済的な豊かさだけではない。また、そこには複雑な事情や背景がある。以下、それを４つの点に整理しておく。

金箔で装飾された屋敷寺（ウブド）
観光経済の恩恵が宗教施設に表れている。

　まず、第９章で触れたように、バリ人が「ラメ」な状態を好み、さまざまな意味でのラメ的な事態を実現しようとする強固な価値観をもつという点がある。これが第１点である。バリ人は、自身が関わる宗教活動を、質量ともできるかぎり、ときには過剰なまでに、ラメになるように演出する。それは儀礼の際ばかりではない。普段から、各自の屋敷寺、村や親族の寺院の門や社・祠などを、さまざまな装飾・彫刻・彫金などでラメにする。金銭があればまず宗教の領域につかう、これはバリ人の宗教的社会的規範であり、植民地時代においても観察されたものである。火葬は多大な出費を必要とするため、資金調達のために土地を売却することもある。人々は、潤沢な資金をもっていなくても、できる範囲で精いっぱい豊かな儀礼を行おうとする。あるバリ人は、火葬や他の儀礼をラメにすることは「義務」であり、「こういったことを継承していかなければいけない。文化だから」と私に述べたことがある。儀礼を豪華に催すことはこうした規範意識・価値意識に根差している。したがって、経済の活性化が儀礼の活性化を導いたというようにマッキーンの議論を捉えるべきではない。もともと宗教をラメにする規範や価値観があり、それに経済の活性化が拍車をかけたということなのである。

　では、お金をかけなければ正しい宗教生活を営むことはできないのであ

ろうか。これに関するバリ人の考え方は、YES と NO の 2 つの間で揺れているところがあると、私は理解している。このアンビバレントな論理が第 2 点である。第 9 章の冒頭で、バリ人の宗教生活が供物をささげることと祈ることとを実質的な中身とすると述べた。このどちらをより重視するかによって、考え方は振れるのである。

儀礼を適切に実行するためには、しかるべき手順を踏まなければならない。さまざまな素材を購入したり調達したり——花は庭先のものを摘む、二次葬のプスポのためのワリギンの葉は集落の決まった場所にとりに行く、など——し、労働力を集団で投下してその素材を供物に加工し、会場を設営し、準備を整え、必要となる聖水と儀礼執行を司祭ら専門家に依頼し、こうして、準備した供物をしかるべく神にささげることができる。このように、バリ人の宗教生活は、供物やその素材、人々の共同作業、司祭らの聖水と儀礼執行なしには成り立たない。これは過去も現在もほぼ変わらぬ現実である。

戦後の宗教改革運動は、司祭のつくる聖水によって多大な供物等を浄化し、神にささげるという儀礼的手続きを抜本的にあらためるところまでは踏み込まなかった。植民地時代のスドロ層エリートは、火葬が多大な物資の蕩尽を不可避とすることや、司祭が宗教知識を独占しつつ儀礼を支配することに批判的な意見をもっていたが、戦後に宗教改革運動が収斂ないし結集していく過程では、そうした意見は十分反映されなかったといえる。パリサドのつくった新たな規範の中には、儀礼を肯定しその一部をより強化するものもあった。改革運動を経ても、バリ人の諸儀礼はほとんど変わらず存続した。舞踊や芸能が大衆観光時代にさらに発展したのも、これが神にささげられる供物としての位置づけを保証されたからである。神との交流のためには、できるだけ豊かな供物で儀礼を執行しなければならないという規範は、戦後にあらためて再確定されたのである。

また、アガマとしてのヒンドゥーの教義とは別に、いわば人々の素朴な信仰の次元において、仮に供物や道具立てが不十分であれば神や祖先の怒りを招くことにもなりかねないという暗黙の論理もある。つねにそれが意

識されているわけではないが、この超自然的存在への畏怖も、潜在的な次元で人々を華美な儀礼へと向かわせている。むろん、アガマとしてのヒンドゥーの教義に照らしても、儀礼を適切に実行することは義務である。たとえば、亡くなった死者に哀悼と敬意を表し、浄化の手続きを経てあの世に旅立ってもらうためには、おおくの供物や聖水をもちいて火葬を行う必要があるのである。

　しかし、一方で、パリサドは、儀礼の簡素化あるいは物質消費軽減の方向性も奨励した。たとえば、トリ・サンディオ（1日3回の礼拝）は、線香・花・聖水などの物質的要素を必要とせず、精神的な手段のみで神に人々が向かい合う形式をとっている。アガマとしてのヒンドゥーの論理では、祈りこそがもっとも重要な神にたいする行為である。再三述べてきたように、供物をもちいた儀礼はアダットの部分なのである。儀礼よりも祈りを重視する認識は人々に着実に浸透した。儀礼をできるだけラメにしようとする根強い傾向がある一方で、多大な物資の蕩尽にたいして反省のまなざしを向けようとする意識も、ある程度人々に内面化されたのである。

　このように、バリ人の中には、お金をかけ、盛大に儀礼を行いたいあるいは行うべきとする心情や規範と、それはアガマとしてのヒンドゥーにとっての本質ではなく、神にたいして清らかな心で向かい合うことが重要であるとする論理や規範とが、併存するのである。人により、どちらをより重視するのかには違いがあり、おなじ人でもときに振り子のように考えが振れることがある。

　さらに複雑なのは、この2つの規範が絡み合ったところで人々の宗教生活が営まれている点である。この規範の二重性が第3点である。それを、合葬形式の浸透という点に照らして確認しておこう。

　現在、火葬は、それぞれの集落を単位として数年に一度合葬形式で行うというスタイルが主流となっている。これは、ある点では儀礼の簡素化の一環であり、ある点では儀礼の華美化の一環でもある。合葬は、各自の出費を抑制し、集団でおなじような供物と手順で組織的かつ比較的速やかに火葬を行う方法である。この点で、たしかに合葬は儀礼の簡素化・合理

化に向けた取り組みである。し
かし、第10章で触れたよう
に、この合葬が広まるきっかけ
は、パリサドがブサキ寺院にお
ける大儀礼を盛大に挙行しよう
として、事前に火葬を速やかに
行うべきとする新たな規範を掲
げたことにあった。この点で、
合葬は儀礼の肥大化や強化を背
景としてもいる。改革運動の担
い手となったパリサドは、一方
で儀礼の肥大化を進めるととも
に、他方で儀礼の簡素化を奨励
してきた。人々が儀礼をラメに
することにときにアンビバレン
トな思いをもつのは、パリサド
の方針がダブルスタンダードな
ものだからである。第2点とし
て挙げた考え方の揺れは、この
パリサドの提起する規範や方針
の二重性に由来するといってよ

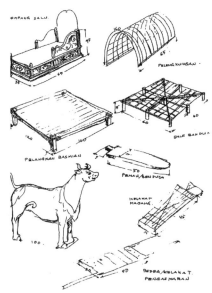

合同の火葬・二次葬の配布資料（一部）
この慣習村では、5年に一度、村内の集
落共同で火葬と二次葬を実施する。1998
年の際の資料はA4で36ページに及ぶも
ので、作業の分担、用意すべきもの、作
成すべきもの、日程、儀礼当日の時間ス
ケジュールなどが記載されている。写真
は、その中の火葬に必要な儀礼具を描い
た図であり、ここは手書きである。

い。付言すれば、これはパリサド分裂のひとつの要因でもあった。

　第4点は、バリの宗教活動がますます現代の合理的な制度や仕組みに
よって支えられるようになっている点である。たとえば、合葬形式の火葬
などの集落・村落の共同儀礼は、集落の書記役がPCなどをもちいて儀礼
や供物の情報を整理・保存し、これを印刷物にまとめて成員に配布し、儀
礼当日はマイクやメガホンで指示を出して手順を共有することによって、
組織的・統一的に進められる。大規模な火葬を行う際、主催者側がドロー
ンで上空から撮影し、記録保存するということもある。こうした近代的な

道具や方法を採用し、規律ある行動をみながとることで、儀礼は円滑に運営されるのである。

次のような点もある。王族・領主一族は、最高レベルの大掛かりな火葬を単独で実施する傾向がある。おおきな火葬を単独で行うことは、かつてもいまも威信の誇示の主要な手段である。ただ、以前、そうした豪華な火葬を実施するためには、1カ月近くにおよぶ長い準備期間を必要とした。浄化の済んでいない死霊は危険な存在でもあり、できれば死後速やかに火葬を行うことが望ましい。しかし、死霊の十分な浄化と慰撫のためには豪華な火葬を催行することが望ましい。バリ人は、この2つの宗教論理の間でジレンマを抱えつつ、王族領主層は後者を優先し対応していたのである。しかし、2010年代になると、場合によっては死後1週間ほどで、その種の最高規模に近い火葬を催行することが可能となってきた。それは、火葬に必要な一部の供物・棺・装飾などの作成を外部委託し購入する社会インフラが整ってきたからである。注文を受け、速やかにこれを作成し、予定通りに運び込む、こうした速度や精度の伴った宗教ビジネスが、都市部や観光地における短時間での大火葬の準備と催行を支えている。こうして今日では、バリ人にとって理想的といえる火葬の催行——早くかつラメに——が可能となってきているのである。

第11章では、国立芸術学院が近代的な教育体制の中で伝統芸術の後継者を育てる仕組みとなっていることに触れた。このことが端的に示すように、現代の最先端の道具や制度こそがバリのバリ化あるいはインヴォリューションの過程を促進しているのである。バリの「伝統」と観光者らがみなす宗教文化は、そうした近代的・現代的なものを貪欲に吸収しながら、その存在意義をますます高めているのである。

現代社会における供物の変化

最後に触れておきたいのが、上に述べた供物や儀礼具の外部委託・購入を含む、供物に関わる変化である。

バリ人は、基本的に日常的な供物を自家で作成し自家で消費してきた。

以前から、トゥカン・バンタン（tukang banten; 供物屋）と呼ばれる供物作成のエキスパートや司祭の家族に、特定の供物や儀礼具の作成を依頼することはあった。また、線香や聖水など、儀礼に不可欠な一部の物質的要素は、自家で作成・調達できず、もともと外部委託したり購入したりしていた。しかし、1990年代半ばころから、観光地や都市部では、日常的に消費するチャナンなどの供物や、ある儀礼や祭日に必要な供物を一式購入するという事態が広まるようになった。いまや、供物を自家生産し自家消費するという規範は解体しはじめている。今後、供物をつくれない人々や自家ではつくらない人々が都市部などで増加していくであろう。

　こうした供物等の外部委託・購入の背景には2つのポイントがある。ひとつは、戦後の改革運動で形成されたヒンドゥーの教義である。アガマとしてのヒンドゥーにおいて重視されるのは、唯一神への祈りである。これに重きをおけばおくほど、供物の献納というアダットの部分はその重要性を喪失し、いわば格下げされていかざるをえない。もうひとつは、バリ人の生活スタイルの変化である。日々消費する供物を買うようになったのは、職業労働に従事する人たちの供物献納の機会が増えているからである。たとえば、中間層の上位層は、従来のバイクに加えて乗用車を購入するようになった。そしておおくの高校生はバイクで通学するようになった。バリ人は、こうした乗り物にも供物をそなえ、しかるべき浄化の儀礼を行う。また、職場でも日々の供物献納や儀礼の機会がある。外国人の所有するちいさな店舗であっても、毎日数個かそれ以上のチャナンをそなえる。さらに主婦が職業労働に従事する傾向も強まった。上位層をのぞき、夫婦共働きでなければ一家の家計を支えることは困難である。このように、バリ人の生活空間が職場と家庭（と田畑）とを往復するものとなり、バイクや乗用車の所有が広まり、自家の屋敷や田畑に店舗や施設が建つことによって、つまり生活空間の拡大と所有物の増加・更新によって、必要となる供物や儀礼の機会は増加する傾向にあるのであり、その準備にあたる時間やマンパワーは反比例して減少する傾向にある。

　こうして、世俗的な労働にさらに時間を費やし、それで得た金銭によっ

て、内面的な神への信仰や祈りよりも格下げされた、供物献納というアダットの営みに必要なものを購入するという生活スタイルが、拡大・浸透している。そして、それを、観光者はバリの「宗教」の変わらぬ姿とみなしているのである。

　供物の中身にも、現代の消費社会を反映した変化がみられる。日々献納するチャナンには市販のビスケットやチョコレートが添えられるようになった。もともと供物にもちいる菓子は、自家製のジャジャン（jajan）と呼ばれる米煎餅が主流であった。市販菓子の使用は、2000年代以降いっそう拡大している。人間の食生活の変化が、供物という神の食事の中身の変化に波及しているのである。種々の供物の必須のアイテムであり、人間にとっての主食でもある米を購入する（せざるをえない）バリ人も、今日ではすくなくない。そして、この米価の高騰が人々の生活を直撃してもいる。

　供物の作成にあたって、以前は竹ひごでヤシやバナナの葉を留めていたが、いまはホチキスが全島的につかわれている。顕著になったのは2000年代半ばころからである。ホチキスの方が確実にまた早く留められるからである。こうして、供物にはホチキスの針や市販菓子を包装したプラスチックが入るようになった。しかし、こうした非有機物を含む供物は、生ごみなど有機系のごみといっしょに廃棄されたり、儀礼の場で焼かれたりしている。供物は、かつてのように自然の素材のみでつくられ、自然に朽ちて循環するものではなくなり、購入されて廃棄される消費物資へと転化してきているのである。

おわりに

　植民地時代にバリを訪れた欧米人は、近代化によってバリの伝統文化が衰退していくであろうと想像していた。しかし、現実は、そうした彼らの予想を一部裏切るものとなった。観光化は、バリの社会や文化を変えもしたが、他面においてはバリの宗教や文化をいっそう活性化させもしたのである。この活性化した宗教や文化を、植民地時代の観光者も現代の観光者も、バリの「伝統」の変わらぬ姿であると捉えてきた。しかし、そこに変

化が隠れていることは明らかである。バリにかぎらず、「伝統」というのは、ある時代に現地の人々、政府、観光者、あるいは人類学者などが「伝統」とみなしたものなのであって、実際に悠久の時代から変わらぬものなのではない。伝統は、近代化の過程において「伝統」と評価されたものにすぎないのである[11] (Hobsbawm & Ranger (ed.) 1992（1983）；吉田 2000b)。

※11　マックス・ヴェーバー（第2章）は、近代化を「合理化」という概念によって捉え直すとともに、諸社会の歴史における合理化の複合的な過程を、当該社会に支配的な価値観、とくに宗教観に照らしつつ理解しようとした。その場合、ヴェーバーは、ある主体にとって合理化と捉えられるものが、別の主体にとっては非合理化と捉えられることがある、という点に着目した。また、ある合理化の進展は、その合理化の論理からすれば非合理的な過程やこれと相反する別の合理化の過程を、その内部に抱え込んで進展する、とも考えた。こうしたヴェーバーの主張ないし仮説にもとづけば、近代化が伝統文化の強化とともに進行したり、より合理的な社会の仕組みがより深刻なリスクの顕在化をもたらしたりすることは、論理的には十分ありうることである。ルーマンはリスクへの対処がリスクの再生産をもたらしうると論じるが、これも合理化の非合理化というヴェーバーの主張の再定式化のひとつである（今野 2020; Luhmann 2014（1991）；Weber 1972（1920-1921）：22, 1989（1920）：49-50; 吉田 2020a)。

第13章
世界の夜明けのたそがれ

　第 11 章では、戦後のバリ観光の再生・発展の過程について記述し、1990 年代末のスハルト政権終焉後の一時的な混乱期を経て、インドネシアの民主化が進んだことに触れた。しかし、このリフォルマシが定着した 90 年代末からの約 10 年間は、バリ観光にとって過酷な試練のときであった。本章では、この 10 年間に焦点を当て、バリ観光における危機の到来すなわちリスクの顕在化について振り返ることにしたい。

リスクについての論点整理
　バリに関する記述に入る前に、一般論の次元で観光のリスクに関わる 3 つの点を確認しておきたい。
　第 1 は、リスクの認知のあり方は主体によって異なり、時代によっても変化する、という点である (第 1 章脚注 2)。ある時点まではまったく「危ない」と意識されていなかった事物が、ある時点から人々の意識にのぼり、社会で共有されるおおきな問題となるのである。水俣病、血友病患者の薬害エイズ問題、原発の安全性などは、その例である (吉田 2018)。
　第 2 は、観光がハイリスクな産業であるという点である。第 3 章では

楽園観光地の脆弱性について整理したが、楽園観光地にかぎらず、一般に現代の観光地が商品としての脆弱性つまりは高リスク性を抱えている。消費者はときとして気まぐれであり、ひとときのブームが去れば、もはや当該の観光地に魅力を感じなくなることもある。さらに、景気後退、災害、疾病の流行、大事故などがあれば、人々は観光という娯楽活動を控えることになる。食料品など生活に不可欠な物品の購買と違い、観光は不要不急の行為だからである。そして、この観光者＝消費者は観光地周辺で内部調達できず、外部からやって来る存在である。観光者が当地を訪れどの程度消費するかは、本来不確実である（吉田 2020a, 2021）。

　第3は、現代社会がウルリヒ・ベックのいう「世界リスク社会」であるという点である。現代人はさまざまなリスクに向かい合って生きざるをえない。われわれが直面しているリスクの中には、人間が新たに生み出したものもある。温室効果ガスによる地球温暖化、原子力関連施設や核兵器がもたらすリスクなどは、その例である。経済活動の停滞や新たな感染症の発生を含め、こうしたさまざまなリスクは、世界の隅々を巻き込んであっという間に顕在化し深刻化する。この世界リスク社会においては、もはや「他者」つまりリスクと無縁な人々は存在しない。ただし、だからといって人々がリスクを平等に分かち合うわけでもない。危機の発露は弱者におよぶことがおおい。リスクは階級を解体させず強化する、とベックはいう。彼は、世界リスク社会における主要なリスクとして、金融、テロ、環境破壊、気候変動、放射線などを挙げた。ただ、金融危機がテロ活動の活発化をもたらしたり、気候変動への対処として原子力発電が奨励され、それが放射線のリスクを高めたりするように、現代ではさまざまなリスクが折り重なり連鎖している。ゆえに、それらを区分けしつつ対処の処方箋を得ることは難しい（Beck 1998 (1986) : 48-49, 2003 (2002) : 29, 2017 (2016) : 92; Beck & Beck-Gernsheim 2014 （2011） : 116; 吉田 2020a: 110-111）。観光は、こうした世界リスク社会を縦横につないだところに成立する産業であり、ときに危機の拡散にも与ることになる。

　では、以上を念頭において、1990年代末以降のバリ社会の状況をみて

いくことにしたい。

観光依存社会で発生した爆弾テロ事件

　スハルト体制下での持続的な経済成長と規制緩和・地方分権化を背景に、1990年代のバリではさらなる資本の投下と観光開発が進んだ。それによって、それまで手付かずであった地域に環境破壊・乱開発の波もおよんだ。バリ社会ではこうした全島的な経済発展を望む声が支配的であった（第11章）。だが、この状況に冷水を浴びせる事態が発生した。1997年のインドネシア通貨危機である。

　このとき、通貨ルピアは1/5に下落し、3倍近い物価の上昇が人々とくに給与所得者の生活を直撃した。首都ジャカルタでの暴動が世界に映像となって流れたことで、外国人観光者はバリへの訪問を一時的に控えた。しかし、バリではほとんど騒ぎがなく、その後の民主化へと向かう流れもあって、バリ観光はすぐに回復した。観光者にとっては、ルピア安も魅力であった。通貨危機前は1万円≒20万ルピアであったが、危機後は1万円≒100万ルピアとなり、3倍物価が上がっても、外貨をもつ観光者は得をしたのである。

　このルピア安は、観光に次ぐバリ経済の柱であった織物産業の淘汰をもたらすことになった。また、観光で潤うバリに、ジャワやロンボックなどから職をもとめて移住する非バリ系インドネシア人も増加した。20世紀末の時点で、直接・間接的に観光関連産業で働くバリ人は7割近くとなり、観光がバリの域内GDPに占める割合も6〜7割となった。織物産業に加えて、従来の基幹産業であった農業も縮小していき、観光関連産業だけがさらに肥大化していった。こうしていびつさを増した産業構造に、バリの政府や社会がリスク認識を欠いていたわけではない。しかし、バリ社会の観光依存体質はもはや後戻りできないものであった。そこに、2001年のアメリカ同時多発テロ後の世界的な観光不振と、2002年10月のバリ島クタでの爆弾テロ事件後の観光不振が到来した（Hitchcock & Putra 2007: 171; Schulte Nordholt 2007: 8; Tarplee 2008: 158）。

後者のテロ事件の概要を記しておこう。10月12日夜11時、クタ中心部のカフェにおいて、最初の爆発事件が発生した。驚いた人々が道に出たときに、隣接するディスコの駐車場の車に仕掛けられていたさらに強力な爆弾が爆発した。クタでの爆弾事件とほぼ同時に、州都デンパサールの

2002 年爆弾テロ事件犠牲者の慰霊碑（クタ）中央の石碑に死者の名前が刻まれている。

官庁地区のアメリカ領事館近くでも小規模な爆弾テロがあったが、ここでは犠牲者はなかった。一方、クタでの爆弾テロは 212 人の死者と 324 人の傷者を出した。土曜の夜の盛況時をねらったこのテロ事件は、アメリカの同時多発テロの 1 年後・1 カ月後・1 日後を正確にねらったものともいわれた（Hitchcock & Putra 2007: 136; Lewis & Lewis 2009: 183-186; Picard 2009: 99; Schulte Nordholt 2007: 12）。

やがて事件の容疑者が逮捕され、アルカイダ（al Qaeda）やジュマーイスラミーヤとの背後関係が明らかになった。そして、観光者数が回復しつつあった 2005 年 10 月 1 日、バリで 2 度目となる連続爆弾テロ事件が起き、23 人が死亡し 151 人が負傷した。まずクタのレストランで午後 7 時 45 分に爆発があり、数分後にクタの数キロ南のジンバランにある飲食店で 2 発の爆弾が爆発した。自爆テロであり、実行犯は現場で遺体となって発見された。その背後にある組織や関係者の解明が進められ、このときもアルカイダやジュマーイスラミーヤとの関連性が確実視され、容疑者が特定された。2002 年の事件の主犯格 3 人の裁判は 2008 年に結審し、銃殺刑に処せられた（Hitchcock & Putra 2007: 136-149; Lewis & Lewis 2009: 183-217）。2005 年の事件の主犯格のひとりは長らく逃走をつづけたが、2009 年 9 月に中部ジャワで発見され、立てこもったが、警察官により銃殺された。

　2002 年のテロ事件は死者もおおく、バリ観光にかつてないおおきな打撃を与えた。テロの直後、いったんバリの観光地から外国人観光者はほとんど姿を消し、ホテルの客室もがら空きとなった。しかし、日本人はともかく、全体としてみれば外国人の客足は 1 年で戻ってきた。そこに 2 度目のテロ事件がおこった。死者は 2002 年に比べればすくなかったが、回復期に再度の爆弾テロ事件が起きたこと、またそれに前後して、2003 年のイラク戦争と SARS（重症急性呼吸器症候群）、2004 年の鳥インフルエンザとインド洋大津波、2006 年の中部ジャワ大地震、2007 年のガルーダ航空国内便の墜落事故、2008 年のリーマンショック後の景気低迷などが重なり、これら一連の出来事によるダメージからの回復には時間がかかった。この間、ガルーダ航空はオーストラリアや日本の各地とバリとを結ぶ便を減便した。EU は、2007 年の墜落事故を契機に、ガルーダの EU 乗り入れを禁止する措置を講じた。この措置が解かれたのは 2009 年 7 月であり、この夏はテロ事件以来久しぶりにおおくの西欧人がバリを訪れ、活況を呈した。この前年におきたバンコク国際空港占拠デモが、タイに向かうはずだった観光者の一部をバリに向かわせたことも影響したと考えられる。いずれにせよ、バリ観光は 1990 年代末からの 10 年あまり、凋落と回復の浮き沈みを経験した（Hitchcock & Putra 2007: 146-149, 160-161; Putra & Hitchcock 2009）。

　2002 年のテロ事件後の観光者の激減により、観光関連企業は軒並み厳しい経営を迫られ、倒産や閉店に追い込まれるところもおおく出た。解雇や賃金カットが続出し、閉店時間が早まるなど、業務縮小はつづいた。もっとも、中にはこれを好機と捉え、従業員を大量解雇してスリム化をはかるあざとい経営者もいた。南部の海岸部の観光地ではテロ後半年をこえるあたりからパックツアー客が戻りはじめたが、中小規模の起業家が中心のウブド、チャンディダサ、ロヴィナの観光回復はさらに遅れ、皮肉にも、爆弾テロ事件のあったクタ以上に深刻な状況がつづいた（吉田 2004, 2009）。

　実体経済の低迷も重大な問題であったが、それ以上に、「神の島」バリ

においてこうした悲劇が起きたことがバリ人にとっては衝撃的であった。イスラーム過激派は、それ以前にも何度かテロ活動をおこしていた。インドネシアの中でも住民の多数がヒンドゥー教徒である観光地バリ、とくに享楽的で退廃的な雰囲気をかもし出している歓楽街クタがねらわれる可能性は、十分にあった。しかし、バリ人は、神がこの島を守っているという点に相当な自信と自負をもっていた。また、それは、いくら忙しくても神にたいする宗教行為をおろそかにしない彼らの日々の実践が保証しているはずのものでもあった。たとえば、1980年代初期には、バリに運ばれ使用されるはずだった爆弾が事前にジャワで爆発し、バリでの被害が未然に食い止められるということがあった（Hitchcock & Putra 2007: 145; Lewis & Lewis 2009: 205-209）。この島が邪悪なものから守られているという信念は、大半のバリ人においてほとんど揺るぎないものであった。また、バリに在住する外国人や頻繁にバリを訪れる観光客も、共同体的組織と慣習法規そして宗教倫理が強く浸透しているバリ社会の治安のよさに楽観的な思いを共有していた。2002年の爆弾テロ事件によって、こうした「神の島」バリの安全神話の底が抜けたのであった。

経済的かつ宗教的な危機への対処

　このように、2002年のテロ事件は、バリ人に経済と宗教の2つの次元で深刻な危機感を抱かせるものとなった。それゆえ、バリ社会における爆弾テロ事件後の対応は、観光経済の回復と宗教世界観的な安寧の回復という2つの次元における修復作業を伴うものとなった。

　バリ人において共有されたのは、この悲劇を神や祖先の怒りによるとみなす理解であった。ムスリムのテロリストによる犯行だとしても、それは（ヒンドゥーの）神が過ちをわれわれに知らしめるためのものであったというのである。新聞などでは、宗教指導者たちが具体的な教義に照らしてこの事件を説明する記事も掲載された。また、テロ事件があった現場では儀礼的な浄化が行われた。実は、ムスリムによるこのテロ事件における最大の死者はインドネシア人ムスリムであった。ほかにキリスト教徒、ユダヤ

教徒、仏教徒などの死者がいた。それゆえ、ヒンドゥー色を脱色した鎮魂のための儀礼が政府により催行された。その一方で、バリ人遺族は祓いのためのチャル儀礼や埋葬に相当する死者儀礼を催行した。一定規模のチャルでは、多数の供犠獣が必要となる（第9章）。外国人の遺族らの中には、こうしたバリのヒンドゥー固有の儀礼にも参加する者もいたが、人間の死者を弔う儀礼において種々の動物が屠られ犠牲になっていくのを目の当たりにし、ショックを隠せない者もいた（Atkinson 2003: 117-125; Hitchcock & Putra 2007: 9; Howe 2005: 4-7; Picard 2009: 99-100）。なお、2005年のテロ事件でも、チャル儀礼はクタおよびジンバランの事故現場において催行された。

　観光経済は、先に触れたように地に落ちた。バリ人社会の中では、ムスリムのテロリストを非難する声も上がった（Howe 2005: 1）。ただし、ここには、単にテロリストがムスリムであったということには還元できない、バリ固有の文化的・社会的要因があった。

　まず、バリ人がいう「ジャワォ人」（orang jawa）は、非バリ人を意味する。この場合の「ジャワォ」はバリ語の「ジャボ」とおなじくソトを意味し、「ジャワ」という民族や地域だけを指すのではない。バリ人の世界観においてウチ（jero）とソト（jawa, jaba）は重要な対立軸を構成し、ソトにたいしてウチがプラスの価値を帯びる。バリ人社会の中では高カストがウチであり、スドロがソトであるが、これらを合わせたバリ人社会のまわりには非バリ人というソトの人々がいる。その多数派が、インドネシア人ムスリムであった。

　このジャワォ人たちは、バリの観光化と経済発展とともに島外から移住し、近年とみに増加していた。彼らはバリの集落や村落などには帰属せず、バリ人が守るべき慣習法規とも無縁である。バリ人は、非正規の就労者もおおいこうした新参者のジャワォ人が泥棒・麻薬・売春その他の犯罪や社会悪の担い手であるという紋切り型のイメージを抱くようになっていた。バリで悪事を働くのはバリ人ではありえず、みなジャワォ人である、というわけである[12]。また、こうした社会の底辺にいるジャワォ人への

警戒ばかりではなく、社会の上位にいるエリートたるジャワォ人への嫉妬もあった。都市部や南部の観光地では、地元在住のバリ人よりも職階が上のジャワォ人はすくなくない。バリ人ヒンドゥー教徒は、宗教活動への参画のため、第9章で触れた暦の行事や地元での重要な儀礼に合わせて休暇をとる。しかし、それは観光の繁忙期のサイクルとは相容れないことがおおい。雇用者側からすれば、バリ人よりもジャワォ人を雇用した方が経営上合理的なところがある。地方の中小規模経営の場合、血縁・地縁のしがらみからバリ人がバリ人を雇用する傾向は根強くあるが、大手のしかもバリ外に拠点をおく企業にあっては、バリの外に広がる縁故関係や合理的な経営判断がより作用する。こうして、バリでありながら、うまみのある雇用や職種がジャワォ人に奪われているという、バリ人側の被害意識や疎外感も生まれたのである（Howe 2005: 1-3; Lewis & Lewis 2009: 209-212; 永渕 2005: 394-395; 吉原（編）2008）。

　この被害者意識は、1990年代にしばしば起こった聖財の盗難によって、ジャワォ人への警戒感に結びついた。このころ、寺院などに保管されている神像や儀礼具などが盗まれるという事件が起き、その噂が広範に広まるようになった。バリ人は、こうした聖なる物財の盗難事件を、事件のあった特定の地域における出来事というよりも、広くバリ人とその宗教への冒瀆や攻撃とみなした。聖財の盗難によって、神の怒りがその寺院の信徒たちに向けられる可能性があるのである。そして、犯人がなかなか捕まらない中、そのような犯罪行為を行うのはジャワォ人にちがいないという認識も醸成された。寺院で毎夜男性が交替で寝ずの番をするという対策が、人口もおおく寺院の聖財もおおい中南部を中心に全島的に広がった。盗難へ

※12　2020年3月に新型コロナウイルス（covid-19）の感染死者がバリでも確認され、外出自粛・観光者受け入れ停止の措置が講じられたときには、「パンデミックはバリ人によるものではない」「彼ら［＝観光者］がウイルスを持ち込んだのだ」といった見解が、市井のバリ人からは聞かれた。一般に観光者は「タム」（tamu; 客）と呼ばれ、ジャボ／ジャワォのさらに外部に位置する存在として認識されるが、やはりウチなるバリ人がソトから持ち込まれた害悪にさらされているという認識枠組みは反復されたのである。

の不安と、あらたに加わった定期的な徹夜の仕事が人々に与えるストレスはちいさくなかった。バリ人は、こうした中で、あらためてウチなるバリ人とソトなるジャワォ人との境界を再認識するようになった（Howe 2005: 2-3）。

　もっとも、こうした潜在的なジャワォ人への警戒・嫉妬・反感の高まりの中でも、テロ事件後にジャワォ人にたいする報復行動はほとんどなかった。暴力による復讐は決して許されることではない、平和を望む寛容な心こそいま必要なのだとする世論が形成されたこともおおきかったが、おおくのバリ人が外国人観光者不在の状況に直面し、その長期化を憂慮したからであった。いち早くテロ後に諸儀礼を催行した背景には、遺族への哀悼という点だけでなく、バリ人の寛容さを世界に向けてアピールすることで、一刻も早い観光の回復を願うという意図もあったと考えられる。観光者がほとんど来ない、それゆえ経営者が大鉈を振るって従業員を大量解雇していくというテロ後の状況にもかかわらず、人々は中長期的な視点に立って、寛容と平和の精神が観光と経済の早期の回復に結びつくということを計算したのである。メディアも「ファイトバリ／がんばろうバリ」（Ajeg Bali）というキャンペーンをはじめ、バリ人・バリ社会・バリ島のすばらしさをたがいに再確認し、よりよきバリをつくっていこうとする機運を醸成した。それまで観光の直接的な恩恵を受けてこなかった地域では、このピンチをチャンスに変えるべく、いかに観光者を誘致して経済的な利益を得るかに知恵を絞ろうとする動きもあった。また、クタをこれまであったような状態に戻してはならないという意見もメディアに頻出した。クタは、ドラッグや売春ばかりでなく、スリや置き引き、悪質な店舗もおおく、バリでもっとも治安の悪い観光地とされていた。こうした社会環境を改善し、これまでとは性格の異なる観光地に変えていくべきだというのである（Hitchcock & Putra 2007: 173-174; Howe 2005: 3-7; Lewis & Lewis 2009: 151-157, 210; Schulte Nordholt 2007）。しかし、クタの性格は変わらなかったし、変えることはまず不可能であった。それゆえ、第2のテロ事件も起きたのである。

以上、テロ事件後のバリ人の反応が、宗教世界観と現実経済の２つの次元にまたがるものであったということを確認した。この２つの次元が織り合わさった危機への対処は、第５章で触れた1910年代の大地震の際の対応をほうふつとさせる。しかし、当時と現在ではおおきく異なる点もある。それは、総じてバリ人がテロによる危機にたいして合理的に、とくに経済合理的に、対処しようとした点である。バリ人はテロ後の観光へのダメージのおおきさを深刻に受けとめつつ、一刻も早い観光者の回帰を切に願って、パニックにならずに冷静に行動しようとした。そのこと自体が、バリ社会における観光支配の深さを物語っていると考えることもできる（第３章）。

　2000年代における観光の一進一退状況は、観光ビジネスの淘汰や利潤の遍在傾向をいっそう強化し、第７章・第９章・第12章で触れた人々の間の経済格差と宗教格差を広げる結果をもたらした。リーマンショックのあった2008年当時、「何もかも物価が上がった。いまのバリ社会はめちゃくちゃだ」というバリ人の声を、私は聞いたことがある。1990年代末の通貨危機後の物価上昇は３倍であり、このリーマンショック直後の物価高騰は２倍程度であったが、経済的な余力・体力のない人々にはボディブローのようにダメージを与えるものだったのである。そして、その後の観光経済の回復基調の中で、現代日本とおなじように、バリ社会の格差はさらに強まっていった。マクロな指標に照らしてみれば、2010年代にバリの観光経済はふたたび好転に向かったが、宗教と経済の二重の危機は収束したのではなく、むしろ地下のマグマのように伏流し膨らんでいった。そして、そこに2020年の新型コロナウイルス感染症（covid-19）拡大による観光不振が到来したのである。

おわりに

　2020年、バリは約20年ぶりにふたたび深刻な観光不振に直面した。観光関連産業に従事する人々は、長期におよぶ外国人観光者不在の状況に、ひたすら耐えるしかなかった。バリ州パリサドは、この年の３月に、新

型コロナウイルス感染対策
として、手洗い・消毒をし、
マスクを着用し、社会的距
離を十分とり、必要以上に
人が集まらないよう少人数
で儀礼を行うこと、延期が

2020 年コロナウイルス
禍の際の供物
(banten wong-wongan)
(I Wayan Sutama 氏撮影)
人の身代わりとしてつ
くられ、海や川に流さ
れた。

可能な儀礼は延期すること、covid-19 による死者は直ちに火葬にするため
儀礼措置はできないこと、などの基本方針を示し、政府の感染対策を踏ま
えつつ必要な儀礼を適切に営むよう、声明を出した。人が密集しラメにな
らない合理的な対処をもとめたのである。また、神の加護により covid-19
が消え去るようにと祈りをささげるよう呼びかけたり、災禍をはらうため
のチャル儀礼を催行したり、自身がコロナウイルスに罹患しないように
人代わりの供物（banten wong-wongan）を自家でつくって川や海に流すよう
指導したりもした。こうした宗教呪術的な対処行為と現実的で合理的な
対処行為とが織り合わさったあり方は、2000 年代のテロ事件の際と基本
的に類似する。バリ人はウイルスという見えない災禍の元凶に、やはり 2
つの次元で対応しようとしたのである（吉田 2021; https://baliexpress.jawapos.
com/read/2020/03/28/185976/phdi-mda-bali-keluarkan-ketentuan-upacara-selama-
pandemi-covid-19, https://bali.antaranews.com/berita/192975/phdi-bali-ajak-umat-
persembahkan-pejati-agar-covid-19-segera-hilang）。

　21 世紀のバリ社会は、ベックが挙げた世界リスク社会の主要なリスク
に加え、宗教のリスク（第 10 章）、観光のリスク（第 11 章）などにも直
面している。バリに暮らす人々は、これら多重のリスクが連鎖し合ったリ
スク社会に巻き込まれ生きている。今日の物価のさらなる上昇は、人々の
生活をさらに苦しくし、格差もさらに広がっているように思われる。こう
した生活の苦しさは、バリ人やムスリムのインドネシア人ばかりではなく、
外国人の移住者・長期滞在者においても決して無縁ではない。その一端は、
次章で確認する。
　第 11 章では、スカルノ初代大統領とともに非同盟をリードしたインド

のネール首相が、バリを「世界の夜明け」と呼び、この文言が観光地バリの代名詞のようにもちいられたことに触れた。当時のバリは、戦後の観光再生の途上にあった。それから半世紀ほどのち、テロ事件や新型コロナウイルス禍などの影響を受け、「世界の夜明け」たる観光地バリはたそがれの雰囲気を漂わせる状況に陥ることになった。これらの観光のリスクの顕在化つまり危機の現実化を乗り切った後も、潜在的な次元で観光リスクは伏流しつづけるのであろう[※13]。

………………………………………………………………………………………

※13　中南部バリでは、2010年代に入って、空港周辺と各観光拠点とを結ぶ道路の渋滞がひどくなった。これもあって、北部のブレレン県に新たな国際空港を建設する計画もある。ただ、問題の根本は、観光拠点が連続しかつ人口もおおい中南部バリには寺院や聖地も多数あり、必要なところにバイパスなどを縦横に建設することが難しいという点にあると考えられる。今後、「楽園」バリのあくなき観光開発は、「神の島」との折り合いをどうつけるのかという難題と正面から向かい合うことになる、と私は考えている。

　本章では、バリ島中部の観光地ウブドをこよなく愛した日本人移住者について記述する (cf. 吉田 2004, 2013b, 2019)。第 1 章では、楽園バリに憧れ、20 世紀前半に観光者としてこの島を訪れたチャップリンそしてコヴァルビアスの著書に触れることから議論を出発させた。本書の最終章は、やはり楽園バリに憧れ、20 世紀末にこの島を訪れたが、チャップリンやコヴァルビアスとは異なり、むしろシュピースのように、この楽園に暮らす決意をした日本人の中から 2 人に焦点を当てる。そして、世界リスク社会の中にある 21 世紀前半の楽園バリに生きることの意味について考えることにしたい。

ライフスタイル移住

　その 2 人に関する記述の前に、バリの日本人移住者の概要とそれを捉える視点について整理しておきたい。

　バリ島の主要な観光地にはおおくの外国人移住者がいる。その中に相当な数と割合の日本人移住者もいる。なお、ここでいう「日本人」には、結婚後インドネシア国籍に変更した者や、アイデンティティの面で日イ両属

的な者も含まれる※14。企業関係者ではなく、自ら望んでバリに在住する日本人移住者は、概算で 1,000 人をこえると考えられる。

　私は、20 年以上にわたって、ウブドの複数の日本人移住者に継続的なインタビューを行ってきた。私が知る範囲では、彼ら移住者は、ウブドで暮らし、バリ人的なライフスタイルにシンパシーを感じながらも、日本人としてのアイデンティティやライフスタイルを放棄するわけではなく、おおむね「日本人としてウブドに生きる」という、ある意味で両義的なライフスタイルを選択している。中には、ウブドと日本という 2 つのホーム（や他のホーム）の間を行き来するというタイプの者もいる。このように、彼らは、定住と移動の間、国籍やアイデンティティの面で日本とバリとの間、そして楽園イメージと現実のバリ社会とのはざまに、生きている。彼らの生き方はそれぞれさまざまであり、それをひと括りにして理解することはできない。ここでは、その中の 2 人に絞って記述し、彼ら移住者の相当な幅のある生き方の一端を把握するにとどまる。

　本章の記述は、ライフスタイル移住論の 一環として位置づけることができる（Benson 2014（2011）;Benson & O'Reilly（ed.）2016（2009）; Benson & Osbaldiston（ed.）2014; 長友 2013; 山下 2009: 31-36; 吉原（編）2008; 吉原・センドラ・ブディアナ 2009; 吉原・今野・松本（編）2016）。従来の移民研究は、政治的・経済的な理由から移住を余儀なくされる集団をおもな研究対象としていた。しかし、グローバル化の進む現代では、中間層に当たる人々が、よりよい生活の質、教育環境・住環境、自分らしい生き方などをもとめて、ネット情報や LCC なども駆使しつつ、多様な形態の移住や移動をするようになっている。こうした現象がライフスタイル移住／移動として主題化

──────────────────────────────
※14　逆からいえば、国籍上のインドネシア人の中には元日本人がいる。島外からおおくの非バリ系インドネシア人や外国人が移住したことは、第 13 章でも触れた。国際結婚がさかんで、ハーフやクオーターもおおいこの観光地社会において、「バリ人」がどのような人々を指すのかを簡単に定義することは不可能である。本書では、そのこともあって、従来の人類学のテキストのように、バリ人という民族についての説明は一切省略している。現代において典型的な「バリ人」を語る意味はあまりないと考えるからである。

されている。第2章では、アメリカ移住を目指す中米の家族の例に触れた。彼らと、本章で扱う事例とは、移住の背景にある政治的・経済的必然性においてやや異なるといえる。ただ、その差異は、当事者の主観的意味に照らせば相対的なものではある。

　ライフスタイル移住論では、「移住」を定住から移動まで幅広く含む概念として設定し、長期滞在や旅行といった概念から明確に区別しない。ウブドあるいはバリの日本人移住者について考察する上で、「移住」を長期滞在から比較的短い旅行まで、定住から移動までの幅の中で捉える視点は有効であり、これによって移住や移住者と観光や観光者とを重ねて捉えることができる。

　以下、本章では、個人の私的領域に関わる部分にも着目する。プライベートなものはパブリックなものとおなじく社会的事実である。しかし、その取り扱いには慎重な配慮が必要である。読者においては、プライバシーの保護と尊重に極力配慮して以下をお読みいただきたいと願う次第である。

車椅子のエッセイスト

　まずは、バリに関する4つの著書がある大村しげ（本名大村重子、1918-1998）について記述する。

　大村しげは、「おばんざい」をはじめとする京文化全般に詳しい昭和の文化人として知られる。祇園の仕出し屋のひとり娘として育った重子は、幼いころ両親にその舌を鍛えられたが、家業を手伝うことなく、女専（京都女子高等専門学校）に入学し、文筆家の道を歩んだ。京言葉を織り込んだその独特の文体は、谷崎潤一郎の『細雪』を参考にしたものであった。1960年代半ばから、大村しげの名で新聞や雑誌におばんざいや京都の身近な暮らしにまつわるエッセイを連載するようになり、「西陣青年の家」での若者たちとの交流もはじまった。彼らはしげを先生と慕い「大村親衛隊」となった。その中にA氏がいた。A氏は1978年からバリ通いをはじめ、1982年にウブドの知人の土地を15年契約で借り、自身の居場所となるホテルを建てるにいたった。しげは、このA氏のホテルの落成式に出席

するため、この 1982 年にはじめてバリを訪れた。バリに魅了されたしげ
は、毎年バリを訪れるようになった（大村 1996a: 9, 1996b: 207-208; 横川
2007: 104-131, 138）。

　しげは、バリでは「おばさん」を意味するビビ（bibi）と呼ばれた。バ
リの日常を題材にしたしげのエッセイは、京都の日常の懐かしい風景や事
物と交差しながら進むものであった。バリのガムラン音楽をはじめて録音
テープで聞いたときは、祇園ばやしに聞こえた。バリのカレンダーに皇紀
の年が記載されていることに驚くとともに、学生時代に紀元 2600 年と歌
ったことを思い出した。ニュピの前日の張子（オゴホゴ）を担いだ練り歩
きは、御霊会や京都の盆の夜の「よいさっさ」という男の子の遊びを連想
させた。バリアゴとされるトゥガナン村（第 7 章）に行ったときは、「こ
こにもでっちようかんがあるわ」と感激した。でっちようかんは、京都の
洛北地方出身の丁稚が盆や正月に実家に帰ったとき、奉公先に戻る際に手
土産として持参する、各家手づくりの甘い菓子であった。トゥガナンので
っちようかんは、祭りの日にだけつくる、黒米を粉にして固めそこにヤシ
砂糖の蜜を絡めたものであったが、かたちも似ており、味も（ヤシ砂糖が
ない）京都のものにそっくりで、しげは京都にいるような錯覚を覚えた（大
村 1996a: 5-6, 62-66, 80-86, 1997: 83-85, 169, 1999: 155）。

　しげは酒は飲めなかったが、バリでは地酒（米酒とヤシ酒）でつくった
甘いカクテルをたしなんだ。また、コーヒー好きであったので、何杯飲ん
でも夜眠れるバリのコーヒーを愛飲した。周囲のバリ人とくにメイド役の
アユとは日本語とインドネシア語で会話した。バリ人が京言葉の一端を覚
えることもあった。朝食は定番のお茶漬けからトーストになり、生活スタ
イルも変わった。バリ滞在が 7 カ月におよび、日に焼けて、「バリ人みた
い」とホテルの従業員にからかわれた。しげは自ら鏡を見て「ほんま、バ
リ人みたいや」と思った。しげの最初のバリエッセイ集は、「最後の楽園
といういい方を、小鳥にも虫たちにも、花にも分けて、わたしはウブッド
の暮らしを書いてみたいと思いました」と締め括られている（大村 1996a:
71-75, 182, 200, 206-209, 221, 1996b: 146, 189）。

「ウブッド［ウブド］の暮らし」とあるように、このエッセイ集はバリに生活の拠点を移して以降の日々を綴ったものであった。しげは 1994 年のバリ滞在中に脳梗塞を患い、左半身不随となった。右手は動いたので、文筆活動に支障はなかったが、車椅子の生活となったため、夏暑く冬寒い京都の狭小な借家でのひとり暮らしをやめ、年中温暖なバリ島で暮らす決断をしたのである。この決断を促したのは A 氏であった。1995 年 1 月にバリに移住し、ここから春と秋の 2 カ月ずつ京都に戻り、ときに筍や松茸を味わいながら検査入院と老人施設でのショートステイをし、残る 4 カ月ずつをバリで過ごす、という生活がはじまった。滞在場所は A 氏の建てた 2 つ目のホテルであり、身の回りの世話は A 氏とアユらが対応した。ホテルのレストランはラーメンなどの日本食も提供した。また、しげはウブドに当時あった数軒の日本食レストランにも通った。A 氏はこの 1995 年に両親を相次いで亡くしたこともあり、しげを親代わりと慕った。アユは献身的にしげに寄り添い、励ました。アユの母を含む 4 人は疑似家族であった。しげは、脳梗塞になるまでの 13 回のバリ訪問は観光者としてであったが、1995 年は自分のバリ島元年である、と記している（大村 1996b: 92-100, 111-120, 212, 215, 1997: 1-5, 22, 26-35, 145-146, 150-156, 237; 鈴木 1999: 267-268, 270-271; 横川 2007: 133-135, 141)。

　インドネシア通貨危機のあった 1997 年、1 月にしげは 2 度目の脳梗塞を発症した。それまで毎日書いていた日誌を、その後は書き忘れることもあり、認知症も進行した。前年の 1996 年、しげは遺言状を書いていた。ひとり身なので、葬式代 200 万円をのぞき所持金はつかい切る、葬式はせずにお別れ会とする、香典は不要とし、線香の代わりに白菊 1 本を参列者にお願いしたい、といった内容であったが、追伸として、もしバリで死んだ場合はヒンドゥー式の火葬を執り行い、喉仏のみを岐阜の寺に納め、残る遺骨はバリの海に流してほしい、としていた。1997 年出版の『アユとビビ』から文体も微妙に変わり、2 度目の脳梗塞を経た『京都・バリ島 車椅子往来』では、自身の「老醜」に関する記述がおおくなった。ウブドでの生活は何の不自由もないけれど、8 月 16 日には両親を偲

んで（1994年の8月に最後に見た）大文字焼きを拝みたい、としげは記している。1998年3月のニュピの日、しげはデンパサールの病院で息を引きとり、3日後にヌサドゥアの外国人墓地で茶毘に付された。海への散骨は、2001年3月に行われた（大村 1996b: 206-210, 212, 1997, 1999: 10, 32-36, 64-66, 150-152; 鈴木 1999: 262, 269, 277-292, 297-298; 横川 2007: 133-135, 141）。

しげの4冊のバリエッセイ集はたがいに重なる記述もおおいが、その文章からは、彼女がバリでの新たな異文化体験にときめきつつ、これを日本での経験や知識に対比して納得し、バリでの暮らしを謳歌し享受していたことが伝わってくる。チャップリンの文章には異文化としてのバリにたいする冷ややかな距離感を感じるが、しげの文章にはバリ人とバリ文化にたいするほっこりした温かみがあるように私は感じる。しげにとって、アユらとの疑似家族的な暮らしは、「老醜」に向き合うつらさを伴いながらも、それまでの京都での暮らしとまた異なる楽しいものであったのではないだろうか。その第2の人生は3年とすこしの短いものであったが、中身の凝縮された年月であったように感じられる。

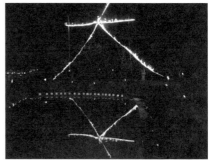

大村しげを偲ぶ大文字焼き
（2007年8月16日）

　A氏は、しげを偲んで、死後毎年8月16日に自身のホテルで大文字焼きを催行した。地元の人々の協力を得てかがり火を焚き、竹で組んだ4メートルほどの「大」の字に火をともし、ホテルのプールで精霊流しを行う、というものであり、私も一度参加したことがある。2011年には京都でしげの十三回忌に大村親衛隊が集まった。ただ、彼女を偲ぶ行事を独自に行っている者はほかにいない、とA氏に聞いたことがある。

　高齢になったA氏は、その後ウブドでの大文字焼きの継続を断念した。30年以上にわたってA氏が私費を投じて催行してきた、子どもの絵画コンテストや凧揚げコンテストも終了となった。A氏は、2010年代半ばから、新たに建てたバリの自宅で、コンテストの優秀作品であった子どもたちの絵画や凧に囲まれ、のんびり暮らした。そして、2021年5月、鬼籍に入り、懇意にしていた集落の人々によって茶毘に付された。享年83であった。

和製シュピース

　次にC氏について記述する。C氏がバリに来たのは、1990年、42歳のときであった。インドネシアははじめての訪問であった。C氏は、店舗デザイナーであった日本での生活を切断し、外国で生活することを決意して日本をあとにしていた。当初はロンボック島に行き、そこで長期滞在することを考えていたが、そこに行く手前のバリで、ウブドに滞在するうちに、ウブドで暮らすことを考えるようになった。当面は手持ちの金を取り崩して暮らすつもりであったが、いずれ生活の糧を得る手段を探さねばならなかった。

　この当時、ウブドに長期滞在する日本人はまだおおくなかった。また、上述した1990年代後半の大村しげのように、お湯が出るホテルに長期滞在する日本人はまだ少数派であった。90年代半ばになると、ウブドでも水浴びだけの民宿から給湯器やバスタブ付きの民宿へと宿泊施設の主流が転換していくが、1990年の時点では、長期滞在者のおおくはバックパッカーに相当する客層であり、水浴のみの安宿に泊まり、現地人向けの食堂やワルン（warung; 屋台、簡易店舗）でよく食事をしていた。C氏は、ウブ

ドに来た当初、毎日おなじワルンに行き、メニューの上から順に注文を
かえ食事をしていた。やがて、こうしたワルンでC氏はB氏と知り合い、
日本食レストランの共同経営をはじめることになった。

　2人のレストランは1991年に開店し、増えはじめた日本人リピーター
観光者と中長期滞在者を固定客として繁盛した。当初は周囲に建物がなく、
落ち着いた雰囲気を保っていたことで、日本人以外の外国人観光者や日本
びいきのバリ人芸術家にも好評であった。開店早々は、従業員も調理の段
取りに不慣れであり、親子丼を注文しても1時間かかっていた。しかし、
そうしたのんびりした雰囲気を、B氏とC氏そして客たちも享受していた。
このレストランは、1990年代半ばになって日本人経営のレストランがい
くつもでき、客が分散するようになるまで、日本人のたまり場として機能
し、情報交換の場となった。B氏とC氏も、このレストランがそうした
場となることを望んだ。両者ともウブドとその周辺の文化や宗教に並々な
らぬ関心をもち、短期の旅行者にバリに関するあれこれの情報を伝え、と
きには周辺地域の儀礼や寺院祭礼があると車やバイクで案内もした。

　C氏は単独でもビジネスをはじめた。1995年に開いた旅行会社は、こ
のレストランの運営を通して蓄積した各地の情報やバリ人との人間関係を
資本としていた。この会社の顧客は、いわゆる流しの客をのぞけば、ほぼ
日本人のみである。会社のホームページも、英語版やインドネシア語版は
なく、日本語版のみである。2号店も出したが、これは2年ほどで閉めた。
C氏は、1998年に雑貨やインテリアの販売スペースに簡単なカフェを併
設した店舗を開き、2004年にはその2号店（こちらは雑貨販売のみ）も開
いたが、後者は2年を待たずに閉店した。1号店も商品の売れ行きがあま
り芳しくなく、2006年には店を閉めた。こうして、C氏のビジネスは旅
行会社1店舗のみとなった。B氏との共同経営だったレストランの権利は、
土地契約から10年の契約更新の前に、バリ人男性と結婚していたB氏（結
婚後インドネシア国籍を取得）に譲っていた。この譲渡と土地契約更新の後
に2002年の爆弾テロ事件が起こった。B氏のレストランは半年以上にお
よぶ客のすくない厳しい時期を何とかしのいだ。観光者相手のビジネスを

営むＣ氏にとっても、それは収入のほとんどない時期であった。

　Ｃ氏は、日本食レストランの共同経営を開始して間もなくから、おおくの日本人（そしてバリ人）からさまざまな相談を受けるようになった。ビジネス、恋愛・結婚、トラブル、詐欺被害など、実にさまざまであったが、Ｃ氏はユーモアを交えながら、ときに厳しく、親身に相談に乗った。バリと日本では考え方や生活スタイルが異なる、日本のやり方をそのまま持ち込んでもうまくいかない、ここはバリなのだからバリ人のスタイルに照らして考え行動しないといけない、という趣旨のことを、具体的な例を挙げながら、噛んで含めるように諭すことがおおかったが、自己中心的な相談者（とＣ氏にみえた者）にたいしてはときに突き放すこともあったようである。Ｃ氏に相談に来る人々の中には、観光者や長期滞在者または長期滞在予定者ばかりでなく、短期でやってくる研究者や芸術家もすくなからずいた。Ｃ氏はバリの宗教・社会・芸能について、さらに広がった人間関係のネットワークから、短期の訪問者では知りえないような情報も得ていたからである。また、Ｃ氏は、毎日夕方までオブジェをつくることを日課としていた。とくに流木などの自然が形状をつくった素材を好んだ。店舗デザイナーであったことから、親しい友人の店舗のデザインを引き受けたり、そこに飾るインテリアや壁飾りなどを自らつくったりすることもあった。ウブド中心のタウン情報誌を創刊し、毎年6冊を日本にいるウブド愛好家に郵送するという試みもした。ウブド在住日本人の月1回の行事の運営にも貢献した。また、趣味として、著名なガムラン楽団の主要メンバーから舞踊を習ったり楽器を習ったりもした。シュピースのようにバリの音楽を採譜してピアノで弾くことはなかったが、バリの全般について詳しく、芸術のセンスもあり、バリについて知りたい者たちにていねいに接するＣ氏を、よく知る人々はかつてのシュピースの日本人版として認識した（ただし異性愛者であったが）。Ｃ氏も、そうした周囲の認識に自覚的であったようである。

　さて、Ｃ氏のビジネスが2000年代半ばから旅行会社1軒になったことは上で触れた。この旅行会社は、空港送迎や日帰りツアーなどをおもな商

品とする小規模店舗であり、当初からビジネスの裾野を拡大していくという経営方針は希薄であった。C氏があくなきビジネスの追求に否定的であり、バリで何とか食べていければよいという考え方をもっていたことも影響していたと考えられる。当初はスタッフ（兼ガイド）4名の体制であったが、第13章で述べた2000年代のバリ観光の浮き沈みの中で、個人的な都合などによって辞めていったスタッフの補充をしないまま、2012年には1名だけが残る体制となった。これに伴い、当然ながら売り上げも縮小していった。1990年代から2000年代半ばにかけて、C氏のビジネスは複数の店舗を出すなど好循環の中にあったが、2010年代にはビジネス環境にいっそう厳しさが増すようになった。

　C氏は、2000年のインタビューの際、「本当はこっちで火葬にしてほしい」と心境を吐露していた。C氏は、当初ウブド郊外の村に住むバリ人男性を身元保証人兼ビジネスパートナーとしていた。B氏と開業したレストランの名義人も彼であり、家族ぐるみの付き合いであった。C氏は、その村や集落の祭礼や儀礼の際にしばしば寄付をし、地域の人々に受け入れてもらうよう努めていた。それは、C氏がこの集落で荼毘に付してもらうことを望んでいたからでもあった。しかし、諸般の事情からウブド周辺の別の村の間で居住地を転々としたC氏と、この保証人を含む当該村落の人々との関係は、次第に疎遠になっていった。2000年当時、C氏は、保証人やその村が自分の火葬をもう受け入れてくれないのでは、と感じていたのである。「このあとまた、あの集落に移ってずっと住めば、あるいは火葬をやってくれるかもしれないが」と述べた当時のC氏の語り口には、若干の諦念が混じっていたと私は感じていた。

　しかし、2010年代になると、状況は変わっていった。C氏は、2013年からこの村の別の知人の家に間借りし、この村で暮らすことにした。ウブドで借りていたアパートが値上げに踏み切ったことがきっかけであった。ただし、いよいよC氏が「終活」に入ったのかというと、そうではなく、家賃など生活費の節約が第一の理由であった。むしろ逆に、このころから、C氏はバリを終の棲家とすることを考え直すようになった。背景には、

自身の旅行会社の業務縮小、今後も予想されるさらなる物価の上昇、そして後述する日本人観光者の減少傾向などがあったと考えられる。C氏は、2014年に、24年間一度も帰っていなかった日本にいったん戻り、しばしばバリを訪れていた子や元妻らに会った後、バリで知り合った友人の住む中米のある国に半年間滞在し、そこでの暮らしを試してみた。しかし、結果的に「やりたいことがみつからなかった」ということで、C氏はふたたびウブドに戻った。2019年からは、90年代からの知人が住むジャワのジョグジャカルタ郊外をしばしば訪れ、約1カ月ずつの滞在をするようになった。2020年にはそこに生活の拠点を移す予定であったが、新型コロナウイルス禍により引っ越しを保留した。このように、70代に入ったC氏は、バリで死を迎えるという人生設計を再考中である。日本に帰るという選択肢も含めて、C氏は安住のホームを模索しているのである（吉田 2019）。

楽園のもつ煉獄／地獄の顔

　以上、おおくのウブド在住日本人移住者の中から2人に絞ってそのウブドでの生活史の一端を記述した。この2人の間には対照的なところがある。それは、しげがバリの社会・経済の急激な変化とほとんど無縁の生活を送ったのにたいして、C氏が2000年代のバリ観光の浮き沈みやその後のさらなる物価上昇などに翻弄される生活を送ってきた、という点である。仮にしげが2000年代やそれ以降に存命であったとしても、彼女はそうした社会変化にあまり影響されずに過ごしたであろう。しげは生活費を日本で稼いで、ルピア安の進むバリで消費したからである。一方、C氏は、バリで生活の糧を稼ぎつつ暮らしてきたのであり、バリの社会変化とは一蓮托生である。

　加えて、C氏についてはもうひとつ重要な点がある。それは、C氏が日本人観光者を相手にしたビジネスを営んできたが、近年ウブドに来る日本人観光者が減少してきている、という点である。

　1990年代から2000年代にかけて、ウブドはここを訪れるおおくの日

本人観光者でにぎわった。それゆえ、C氏・B氏をはじめとする日本人移住者は、この増加する日本人観光者を主要な顧客とした観光ビジネスに着手した。しかし、2010年代になると日本人観光者は減少していき、欧米系と中国系がウブドの観光者の中心となった。バリの特定地域を訪れる観光者数を示す公式のデータは存在しないが、日本人観光者の大半はクタ周辺やヌサドゥアなどの南部海岸部のリゾート地帯に滞在しており、こうした観光地の外に向かう個人旅行者たちは、1990年代以降に新たに開発されたより遠方かつ新規のリゾート施設に分散していったと考えられる。バリに来る日本人観光者は2010年代半ばから微増の傾向にあるが、ウブドに来る日本人観光者はまったく増えていない。そしてこの傾向は今後も持続すると予想される。観光地ウブドが日本人に訴求力をもたなくなっているのである。日本で少子化が進む点に鑑みても、ウブドの観光ビジネスが日本人を主要な顧客とする戦略をとることは、今後ありえないであろう。

　B氏が営むレストランも、主要な顧客層は日本人であった。しかし、このレストランは、グローバルな日本食ブーム——和食が2013年にユネスコ無形文化遺産に登録されたこともこのブームに拍車をかけた——にも乗り、欧米系や中国系の観光者にも訴求力をもつようになった。おそらく台湾人や香港人にとっては、地元にある日本食レストランよりも、日本人が経営し味を守るこの店舗での食事の方が、値段と中身の総合評価でお得感があるのである。また、所得の増えたバリ人やインドネシア人も、固定客に取り込むようになった。2000年代までの客の大半は日本人のリピーター観光者や長期滞在者であったが、2010年代後半には日本人客は半分程度になり、ときには非日本人が客の大半というときもある。さらに、日本人は一般に少食であるが、欧米系の客はたくさん食べる傾向があり、中国系の客は団体で来て大量に注文する傾向もある。B氏のレストランは、日本人観光者が減少する一方で、トレンドに乗り新たな顧客層を獲得することに結果的に成功したのである。しかし、C氏の旅行会社は、新たな顧客層の獲得もビジネスの展開も果たせなかった。

　当初の予想をこえる物価高や土地契約の高騰そして日本人観光者の減

少に直面し翻弄される日本人は、C氏だけではない。彼はその一例であり、ほかにも店舗を経営し苦しい状況にある日本人移住者はいる。また、むろん、それは日本人だけではく、中小のバリ人店舗経営者にも当てはまることである。おおくの外国人・インドネシア人の中小企業家は、観光ビジネスに潜在するリスクと、勝者と敗者とが際立つ現実に向かい合っている。

　このように、しげとC氏は、おなじく1990年代に長期滞在をはじめたが、そのウブドでの生活スタイルは対照的であった。ただし、よりおおきな対照性は、C氏と、植民地時代にバリを訪れたチャップリン・コヴァルビアス・シュピースらとの間にある。チャップリンらは、「楽園バリ」という自分たちがもとめた理想像をバリに来て実感することができた。しかし、C氏やB氏ら、1990年代にバリで暮らしはじめ、2000年代以降の観光リスクの顕在化を経験した移住者たちは、「楽園」という理想のはかなさや過酷な現実を思い知らされたのである。彼らは、自分たちがもとめた理想像がいわば壊れていく現実を見たのであり、楽園とみなされる観光地が煉獄あるいは地獄の様相をももつということを確認したのである。

　第3章では楽園観光地がさまざまな脆弱性を抱えていることに触れ、第13章では現代の世界リスク社会の中にわれわれが巻き込まれていることを確認した。今後もさまざまなリスクの顕在化がバリを、そして日本を、直撃する事態を観察することになるであろう。世界リスク社会の中に生きるすべての人々が、大なり小なり予期せぬ変化や出来事に翻弄されるはずである。それは、「神の島」であり「楽園」であるバリも例外ではない。

おわりに

　近代において、欧米の人々は生活圏の彼岸に存在する楽園に癒しをもとめて訪れるようになった。観光産業は21世紀においてもっとも発展が期待される複合産業であるといわれる。それゆえ、世界の各地で、癒しの島としての新たな楽園観光地が開発あるいは再開発されてきた。しかし、この楽園観光のさらなる発展は、個別の楽園観光地のリスクの高まりを表裏一体に伴っている。類似する観光地が増えれば、淘汰されていく観光地も

また増える可能性が高い。こうした個々の楽園観光地が宿すリスクを、観光に関わる公的機関、企業、ひとりひとりの観光業従事者、そして観光者が認識した上で、観光に取り組む社会環境を整備していくことが必要である、と私は考える（吉田 2013b, 2020a）。

　新型コロナウイルス禍からバリ観光が脱した後も、また何らかのリスクの顕在化がこの社会に発生することは間違いない。そのころのバリ観光の主要な担い手は、生粋のバリ人ではなく、ハーフやクオーターのバリ人、あるいはジャワォ人が、むしろ中心的になっているかもしれない。それも含め、バリの今後を見守っていきたいと考えている。

結びにかえて

　私がはじめてバリを訪れたのは、1989年のニュピの直前であった。デンパサールでホテルに宿泊し、冷えていないコカ・コーラを飲んで、吹き出す汗を拭いながら歩いてププタンを記念する広場に行き、そこでチャル・クサンゴの一部を観察した。しかし、ニュピの日には宿に閉じこもらざるを得ず、何も観察できなかった。ニュピに合わせてバリ行きを計画したことが、そもそも大失敗であった。それでも、ロンボックに船で渡り、バリを一周し、ウブドがもっとも居心地がよいというたしかな印象をもって帰ることはできた。それだけが収穫だったといっても過言ではない。以来、30年以上にわたって、ウブドに通いつづけている。

　バリについて触れておきたいことは、ほかにもまだある。バリ人の複雑な名前、方位観、そして私のフィールドワークの挫折や失敗について（吉田2020b）、などである。しかし、ここで筆をおくことにしよう。

　ひとつ、ありうるかもしれない誤解について触れておきたい。私は、第1章で、チャップリンや植民地行政官の理解の誤りを指摘したかったのではない。何が正しく誤りなのかは、立場により異なり、時代によって変わっていく、と考えている。本書では、さまざまな「ずれ」を浮き彫りにしたかったのである。このことを、あらためて確認しておきたい。

　人類学は、文化の独自なあり方をただ知ることを目的とするものではない。むしろ、バリ独特の文化であると一般に思われているものが、外から来たものとのハイブリッドであったり、外国人の視点を受けてバリ人が内面化したものであったりすることに注目し、この外部つまりは異文化との相互作用の累積的な過程の中に各地の文化や社会を位置づけ、ひいては人間の歴史を位置づけて考えることが重要である、と私は考えている。その一端が、本書を通して読者に理解されれば、この本の目的は果たせたと考える。

「はじめに」で述べたように、本書は、私が40年近くにわたって勉強した内容にもとづき、バリの歴史・宗教・観光について記述したものである。バリの慣習は地域により実に多様であるが、本書ではそれに十分触れていない。また、バリの社会・文化は加速度的に変化している。まさにデソ・カロ・パトロであり、本書に書かれた内容は、あまり遠くない時期に不正確な記述となる可能性はあるであろう。また、いまは妥当と思える人類学の議論も、未来からみれば何らかの偏りがあると判断される可能性はある（第2章）。たとえば、疾病対策、環境への配慮、インターネットの進化などにより、遠く離れた地域でフィールドワークを行うという現場第一主義は、重要な方法的特徴でなくなっていくかもしれない。人類学的研究も加速度的に変化している。本書を手に取った読者が、バリに行き、バリ関連の本を読み、バリについて思索する中で、本書の記述を修正したり、次なる「バリ学入門編」を構想したりすることを祈念して、本書の記述を終えることにする。

主要文献

赤松　明彦
　2021　『ヒンドゥー教 10 講』、岩波書店。
Aquinas, St Thomas
　1965　「第百二問題　楽園という、かかる人間の場所について」『神学大全第
　　　　7 冊』、山田晶訳、pp. 184-197、創文社。
Atkinson, Alan
　2003　*Terror in Bali: An Eyewitness Account*, Angsana Books.
Augstine, St
　1994　『アウグスティヌス著作集　第 16 巻　創世記注解（1）』、片柳栄一訳、
　　　　教文館。
綾部　恒雄（編）
　1984　『文化人類学 15 の理論』、弘文堂。
　1985　『文化人類学群像 1──外国編①』、アカデミア出版会。
　1988a『文化人類学群像 2──外国編②』、アカデミア出版会。
　1988b『文化人類学群像 3──日本編』、アカデミア出版会。
　2006　『文化人類学 20 の理論』、弘文堂。
東　賢太朗・市野澤　潤平・木村　周平・飯田　卓（編）
　2014　『リスクの人類学──不確実な世界を生きる』、世界思想社。
Bagus, I Gusti Ngurah
　2004　The Parisada Hindu Dharma Indonesia in a society in transformation: the
　　　　emergence of conflicts amidst differences and demands, in Ramstedt (ed.)
　　　　*Hinduism in Modern Indonesia: A minority religion between local, national, and
　　　　global interests*, pp. 84-92, Routledge Curzon.
Bakker, Frederik Lambertus
　1993　*The Struggle of the Hindu Balinese Intellectuals: Developments in Modern Hindu
　　　　Thinking in Independent Indonesia*, VU University Press.
Barney, Stephen A.; W. J. Lewis; J. A. Beach & Oliver Berghof (ed.)
　2010（2006）　*The Etymologies of Isidore of Seville*, Cambridge University Press.
Bateson, Gregory & Margaret Mead
　2001（1942）　『バリ島人の性格──写真による分析』、外山昇訳、国文社。
Baum, Vicky
　1997（1937）　『バリ島物語』、金窪勝郎訳、筑摩書房。

Beaglehole, J. C.（ed.）

2004a（1955-67）『クック　太平洋探検（一）　第一回航海（上）』、増田義郎訳、岩波書店。

2004b（1955-67）『クック　太平洋探検（二）　第一回航海（下）』、増田義郎訳、岩波書店。

Beck, Ulrich

1998（1986）『危険社会――新しい近代への道』、東廉・伊藤美登里訳、法政大学出版局。

2003（2002）『世界リスク社会論――テロ、戦争、自然破壊』、島村賢一訳、平凡社。

2017（2016）『変態する世界』、枝廣淳子・中小路佳代子訳、岩波書店。

Beck, Ulrich & Elisabeth Beck-Gernsheim

2014（2011）『愛は遠く離れて――グローバル時代の「家族」のかたち』、伊藤美登里訳、岩波書店。

Belo, Jane

1953　*Bali: Temple Festival*, University of Washington Press.

1960　*Trance in Bali*, Columbia University Press.

Benson, Michaela

2014（2011）　*The British in rural France: Lifestyle migration and the ongoing quest for a better way of life*, Manchester & New York: Manchester University Press.

Benson, Michaela & Karen O'Reilly（ed.）

2016（2009）　*Lifestyle Migration: Expectations*, Aspirations and Experiences, Routledge.

Benson, Michaela & Nick Osbaldiston（ed.）

2014　*Understanding Lifestyle Migration: Theoretical Approaches to Migration and the Quest for a Better Way of Life*, Palgrave Macmillan.

Bougainville, Louis-Antoine de

2007（1771）「世界周航記」『ブーガンヴィル　世界周航記　ディドロ　ブーガンヴィル航海記補遺』、山本淳一訳、pp. 1-152、岩波書店。

Calvini, John

2005（1554）『カルヴァン旧約聖書註解　創世記 I』、渡辺信夫訳、新教出版社。

Carpenter, Bruce W.

1998　*W. O. J. Nieuwenkamp: First European Artist in Bali*, Periplus Editions.

Chaplin, Charles

2003（1964）　*My Autobiography*, Penguin Books.

長　洋弘
　2011　『パパ・バリ 三浦襄──バリ島を訪れる日本人のための物語』、社会評論社。
Colón, Cristóbal
　1965　「ドン・クリストバール・コロン提督が、大陸を発見した際の、その第三回目のインディアスへの航海の経緯について、彼がエスパニョーラ島より国王に送った書簡」、コロンブス・アメリゴ・ガマ・バルボア・マザラン『航海の記録　大航海時代叢書Ｉ』、林屋永吉・野々山ミナコ・長南実・増田義郎訳、pp. 143-174、岩波書店。
Covarrubias, Miguel
　2006（1937）『バリ島』、関本紀美子訳、平凡社。
Creese, Helen; Darma Putra & Henk Schulte Nordholt（ed.）
　2006　*Seabad Puputan Badung: Perspektif Belanda dan Bali*, Pustaka Larasan.
Cuthbert, Alexander
　2015　Paradise lost, Sanity gained: Towards a Critical Balinese Urbanism, in Putra & Campbell（ed.）*Recent Developments in Bali Tourism: Culture, Heritage, and Landscape in an Open Fortress*, pp. 326-368, Buku Arti.
Davis, Fred
　1990（1979）『ノスタルジアの社会学』、間場寿一・荻野美穂・細辻恵子訳、世界思想社。
Delumeau, Jean
　2000（1992）『楽園の歴史Ｉ　地上の楽園』、西澤文昭・小野潮訳、新評論。
Doyle, Sir Arthur Conan
　2005a（1893）The Greek Interpreter, in *The New Annotated Sherlock Holmes Volume I, The Memoirs of Sherlock Holmes*, pp. 635-664, edited with Notes by Leslie S. Klinger, W. W. Norton & Company, Inc.
　2005b（1908）The Adventure of the Bruce-Partington Plans, in *The New Annotated Sherlock Holmes Volume II, His Last Bow*, pp. 1300-1340, edited with Notes by Leslie S. Klinger, W. W. Norton & Company, Inc.
海老澤　衷（編）
　2019　『世界遺産バリの文化戦略──水稲文化と儀礼がつくる地域社会』、勉誠出版。
江渕　一公（編）
　2000　『文化人類学──伝統と近代』、放送大学教育振興会。
江口　信清
　1998　『観光と権力──カリブ海地域社会の観光現象』、多賀出版。

Evans-Pritchard, E. E.
　　1978（1940）『ヌアー族』、向井元子訳、岩波書店。

Foucault, Michel
　　1974（1966）『言葉と物──人文科学の考古学』、渡辺一民・佐々木明訳、新潮社。
　　1986（1976）『性の歴史Ⅰ　知への意志』、渡部守章訳、新潮社。
　　2006（1979）「生体政治の誕生（一九七八－一九七九年度）」『フーコー・コレクション　フーコー・ガイドブック』、石田英敬訳、pp. 190-201、筑摩書房。

深見　純生
　　1995「歴史的背景」、綾部恒雄・永積昭（編）『もっと知りたいインドネシア』第2版、pp. 1-45、弘文堂。

福島　真人
　　2002『ジャワの宗教と社会──スハルト体制下インドネシアの民族誌的メモワール』、ひつじ書房。

Geertz, Clifford
　　1959　Form and Variation in Balinese Village Structure, *American Anthropologist* 61: 991-1012.
　　1964　Tihingan: A Balinese Village, *Bijdragen tot de Taal-, Land-, en Volkenkunde* 120: 1-33.
　　1987（1973）『文化の解釈学Ⅰ・Ⅱ』、吉田禎吾他訳、岩波書店。
　　1990（1980）『ヌガラ──十九世紀バリの劇場国家』、小泉潤二訳、みすず書房。

Geertz, Clifford & Hildred Geertz
　　1989（1975）『バリの親族体系』、鏡味治也訳、みすず書房。

Giddens, Anthony
　　1993（1990）『近代とはいかなる時代か？』、松尾精文・小幡正敏訳、而立書房。

Goris, R.
　　1960a　The Religious Character of the Village Community, in Weltheim et al（ed.）*Bali: Studies in Life, Thought, and Ritual*, pp. 77-100, W. van Hoeve Ltd.
　　1960b　The Temple System, in Weltheim et al（ed.）*Bali: Studies in Life, Thought, and Ritual*, pp. 101-111.
　　1960c　Holidays and Holy Days, in Weltheim et al（ed.）*Bali: Studies in Life, Thought, and Ritual*, pp. 113-129.

Goris, R. & P. L. Dronkers

1953　*Bali: Atlas Kebudajaan/ Cults and Customs/ Cultuurgeschiedenis in Beeld*, the Ministry of Education and Culture of the Republic Indonesia.

Hanna, Willard A.

2004（1976）　*Bali Chronicles: A Lively Account of the Island's History from Early Times to the 1970s*, Periplus.

長谷川　公一・浜　日出夫・藤村　正之・町村　敬志

2019　『新版　社会学』、有斐閣。

Hesiod

1986　『仕事と日』、松平千秋訳、岩波書店。

檜垣　立哉（編）

2011　『生権力論の現在――フーコーから現代を読む』、勁草書房。

菱山　宏輔

2017　『地域セキュリティの社会学――バリ島の近隣住民組織と多元的共同性』、御茶の水書房。

Hitchcock, Michael & I Nyoman Darma Putra

2007　*Tourism, Development and Terrorism in Bali*, Ashgate.

Hobsbawm, Eric & Terence Ranger（ed.）

1992（1983）　『創られた伝統』、前川啓治・梶原景昭他訳、紀伊国屋書店。

Hochschild, Arlie R.

2000（1983）　『管理される心――感情が商品になるとき』、石川准・室伏亜希訳、世界思想社。

Homeros

1994　『オデュッセイア（上)』、松山千秋訳、岩波書店。

本名　純

2013　『民主化のパラドクス――インドネシアにみるアジア政治の深層』、岩波書店。

Howe, Leo

1984　God, Peoples, Spirits and Witches: the Balinese System of Person Definition, *Bijdragen tot de Taal-, Land-, en Volkenkunde* 140: 193-222.

2001　*Hinduism & Hierarchy in Bali*, School of American Research Press.

2005　*The changing world of Bali: religion, society and tourism*, Routledge.

井出　里咲子・砂川　千穂・山口　征孝

2019　『言語人類学への招待――ディスコースから文化を読む』、ひつじ書房。

池上　俊一

2020　『ヨーロッパ中世の想像界』、名古屋大学出版会。

井上　章一

　　　1997　「見られる性、見せる性ができるまで」、井上俊・上野千鶴子・大澤真幸・
　　　　　　見田宗介・吉見俊哉（編）『岩波講座　現代社会学　第 10 巻　セクシュ
　　　　　　アリティの社会学』、pp. 63-76、岩波書店。

伊藤　俊治
　　　2002　『バリ島芸術をつくった男──ヴァルター・シュピースの魔術的人生』、
　　　　　　平凡社。

岩原　紘伊
　　　2020　『村落エコツーリズムをつくる人びと──バリの観光開発と生活をめ
　　　　　　ぐる民族誌』、風響社。

井澤　友美
　　　2017　『バリと観光開発──民主化・地方分権化のインパクト』、ナカニシヤ
　　　　　　出版。

Jensen, F. Jansen (ed.)
　　　2007　*Bali in the 1930's: Photographs and Sculptures by Arthur Fleischmann*, Pictures
　　　　　　Publishers.

鏡味　治也
　　　1992　「死者の霊を浄化するンガスティ儀礼」『季刊民族学』16-3: 58-72。
　　　2000　『政策文化の人類学』、世界思想社。
　　　2006　「地方自治と民主化の進展──バリの事例から」、杉島敬志・中村潔（編）
　　　　　　『現代インドネシアの地方社会──ミクロロジーのアプローチ』、pp.
　　　　　　89-116、NTT 出版。

柄谷　行人
　　　1988（1980）『日本近代文学の起源』、講談社。
　　　1989　『探究 II』、講談社。

春日　直樹（編）
　　　1999　『オセアニア・オリエンタリズム』、世界思想社。

春日　直樹・竹沢　尚一郎（編）
　　　2021　『文化人類学のエッセンス──世界をみる／変える』、有斐閣。

木村　宏恒
　　　1989　『インドネシア　現代政治の構造』、三一書房。

岸上　伸啓（編）
　　　2018　『はじめて学ぶ文化人類学──人物・古典・名著からの誘い』、ミネル
　　　　　　ヴァ書房。

Koentjaraningrat (ed.)
　　　1980（1971）『インドネシアの諸民族と文化』、加藤剛・土屋健治・白石隆訳、
　　　　　　めこん。

今野　元
　2020　『マックス・ヴェーバー――主体的人間の悲喜劇』、岩波書店。
河野　亮仙・中村　潔（編）
　1994　『神々の島バリ――バリ＝ヒンドゥーの儀礼と芸能』、春秋社。
Koppelkamm, Stefan
　1991（1987）『幻想のオリエント』、池内紀・浅井健次郎・内村博信・秋葉篤志訳、鹿島出版会。
厚東　洋輔
　2011　『グローバリゼーション・インパクト――同時代認識のための社会学理論』、ミネルヴァ書房。
Krause, Gregor
　1988（1920）　*Bali 1912*, Wellington: January Books.
　2018（1922）　*Bali, 2 Auflage*, Forgotten Books.
Krause, Gregor & Karl With
　1992（1922）　*Bali: People and Art*, translated by Walter E. J. Tips, White Lotus Press.
久保　明教
　2019　『ブルーノ・ラトゥールの取説――アクターネットワーク論から存在様態探求へ』、月曜社。
倉沢　愛子
　2014　『9・30　世界を震撼させた日――インドネシア政変の真相と波紋』、岩波書店。
　2020　『楽園の島と忘れられたジェノサイド――バリに眠る狂気の記憶をめぐって』、千倉書房。
桑山　敬己・綾部　真雄（編）
　2018　『詳論 文化人類学――基本と最新のトピックを深く学ぶ』、ミネルヴァ書房。
Latour, Bruno
　1999（1987）『科学が作られているとき――人類学的考察』、川﨑勝・高田紀代志訳、産業図書。
　2007（1999）『科学論の実在――パンドラの希望』、川﨑勝・平川秀幸訳、産業図書。
Legge, John David
　1984（1980）『インドネシア　歴史と現在』、中村光男訳、サイマル出版会。
Lewis, Jeff & Belinda Lewis
　2009　*Bali's Silent Crisis: Desire, Tragedy, and Transition*, Lexington Books.

Luhmann, Niklas

　2014（1991）　『リスクの社会学』、小松丈晃訳、新泉社。

Luther, Martin

　1958（1535-1536）　*Luther's Works Volume 1, Lectures on Genesis, Chapters 1-5,* edited by Jaroslav Pelikan, translated by George V. Schick, Concordia Publishing House.

前川　啓治・箭内　匡・深川　宏樹・浜田　明範・里見　龍樹・木村　周平・根本　達・三浦　敦

　2018　『21世紀の文化人類学——世界の新しい捉え方』、新曜社。

増田　義郎

　1965　「総説」、コロンブス・アメリゴ・ガマ・バルボア・マザラン『航海の記録　大航海時代叢書Ⅰ』、pp. 9-39、林屋永吉・野々山ミナコ・長南実・増田義郎訳、岩波書店。

増原　綾子

　2010　『スハルト体制のインドネシア——個人支配の変容と一九九八年政変』、東京大学出版会。

松井　和久（編）

　2003　『インドネシアの地方分権化——地方分権化をめぐる中央・地方のダイナミクスとリアリティー』、アジア経済研究所。

松本　亮

　2011　『ジャワ舞踊バリ舞踊の花をたずねて——その文学・ものがたり背景をさぐる』、めこん。

松尾　浩一郎・根本　雅也・小倉　康嗣（編）

　2018　『原爆をまなざす人びと——広島平和記念公園八月六日のビジュアル・エスノグラフィ』、新曜社。

McKean, Philip Frick

　2018（1989）　「観光の理論的分析に向けて——バリにおける経済二元論と文化のインヴォリューション論」、ヴァレン・スミス（編）『ホスト・アンド・ゲスト——観光人類学とはなにか』、市野澤潤平・東賢太朗・橋本和也監訳、pp. 153-178、ミネルヴァ書房。

McPhee, Colin

　1990（1946）　『熱帯の旅人——バリ島音楽紀行』、大竹昭子訳、河出書房新社。

Mead, Margaret

　1970（1940）　The Arts in Bali, in Belo（ed.）*Traditional Balinese Culture*, pp. 331-340, Columbia University Press.

皆川　厚一（編）

　2010　『インドネシア芸能への招待——音楽・舞踊・演劇の世界』、東京堂出版。

水島　司

　2010　『グローバル・ヒストリー入門』、山川出版社。

Morton, Patricia A.

　2002（2000）『パリ植民地博覧会——オリエンタリズムの欲望と表象』、長
　　　　　谷川章訳、ブリュッケ。

村井　吉敬

　2013　「「多様性のなかの統一」と「想像の共同体」——「想像される」国家」、
　　　　　村井吉敬・佐伯奈津子・間瀬朋子（編）『現代インドネシアを知るため
　　　　　の 60 章』、pp. 24-27、明石書店。

永渕　康之

　1994　「1917 年バリ大地震——植民地状況における文化形成の政治学」『国
　　　　　立民族学博物館研究報告』19（2）：259-310。

　1996　「植民地時代以降における国家・社会・宗教——バリ島、ブサキ寺院
　　　　　をめぐる権力と知」『社会人類学年報』22: 49-80。

　1998　『バリ島』、講談社。

　2005　「宗教と多元化する価値——インドネシアにおけるヒンドゥーをめぐ
　　　　　る境界線を定める闘争」『国立民族学博物館研究報告』29（3）：375-
　　　　　428。

　2007　『バリ・宗教・国家——ヒンドゥーの制度化をたどる』、青土社。

長友　淳

　2013　『日本社会を「逃れる」——オーストラリアへのライフスタイル移住』、
　　　　　彩流社。

中村　潔

　1990　「バリ化について」『社会人類学年報』16: 179-191。

　1994a　「バリの儀礼と共同体」、河野亮仙・中村潔（編）『神々の島バリ——
　　　　　バリ＝ヒンドゥーの儀礼と宗教』pp. 33-58。

　1994b　「バリのカレンダー」、河野亮仙・中村潔（編）『神々の島バリ——バ
　　　　　リ＝ヒンドゥーの儀礼と宗教』pp. 227-237。

中尾　世治・杉下　かおり（編）

　2020　『生き方としてのフィールドワーク——かくも面倒で面白い文化人類
　　　　　学の世界』、東海大学出版部。

日本文化人類学会（監修）

　2011　『フィールドワーカーズ・ハンドブック』、世界思想社。

野澤　曉子

　2015　『聖なる鉄琴スロンディンの民族誌——バリ島トゥガナン・プグリン
　　　　　シンガン村の生活、信仰、音楽』、春風社。

小川　眞里子
　　2003　『蘇るダーウィン──進化論という物語』、岩波書店。
小國　和子・亀井　伸孝・飯嶋　秀治（編）
　　2011　『支援のフィールドワーク──開発と福祉の現場から』、世界思想社。
大橋　亜由美
　　2019　「私は呪術師にはならない──知識とともに生きる」、川田牧人・白川
　　　　　千尋・関一敏（編）『呪者の肖像』、pp. 61-78、臨川書店。
岡谷　公二
　　2005　『絵画のなかの熱帯──ドラクロワからゴーギャンへ』、平凡社。
　　2006（1983）『アンリ・ルソー　楽園の謎』、平凡社。
大森　元吉（編）
　　1987　『法と政治の人類学』、朝倉書店。
大村　敬一・湖中　真哉（編）
　　2020　『「人新世」時代の文化人類学』、放送大学教育振興会。
大村　しげ
　　1996a『ハートランド　バリ島村ぐらし』、淡交社。
　　1996b『車椅子の目線で──京都・バリ島、暮らしの旅』、佼成出版社。
　　1997　『アユとビビ　京おんなのバリ島』、新潮社。
　　1999　『京都・バリ島　車椅子往来』、中央公論新社。
小沼　純一
　　2007　『魅せられた身体──旅する音楽家コリン・マクフィーとその時代』、
　　　　　青土社。
Pagani, Lelio
　　1978（1975）『プトレマイオス世界図──大航海時代への序章』、竹内啓一
　　　　　訳、岩波書店。
Picard, Michel
　　1996　*Bali: Cultural Tourism and Touristic Culture*, Archipelago Press.
　　1999　The Discourse of Kebalian: Transcultural Constructions of Balinese Identity,
　　　　　in Rubinstein & Connor（ed.）*Staying Local in the Global Village: Bali in the
　　　　　Twentieth Century, pp.* 15-49, KITLV Press.
　　2004　What's in a name? Agama Hindu Bali in the making, in Ramstedt（ed.）
　　　　　*Hinduism in Modern Indonesia: A minority religion between local, national, and
　　　　　global interests*, pp. 56-75, Routledge Curzon.
　　2009　From 'Kebalian' to 'Ajeg Bali': Tourism and Balinese Identity in the
　　　　　Aftermath of the Kuta Bombing, in Hitchcock, King and Parnwell（ed.）
　　　　　Tourism in Southeast Asia: Challenges and New Directions, pp. 99-131,
　　　　　University of Hawai'i Press.

2011a   Introduction: 'Agama', 'adat', and Pancasila, in Picard & Madinier (ed.) *The Politics of Religion in Indonesia: Syncretism, orthodoxy, and religious contention in Jawa and Bali*, pp. 1-20, Routledge.

2011b   From Agama Hindu Bali to Agama Hindu and back: toward a relocalization of the Balinese religion?, in Picard & Madinier (ed.) *The Politics of Religion in Indonesia: Syncretism, orthodoxy, and religious contention in Jawa and Bali*, pp. 117-141.

2011c   Balinese Religion in Search of Recognition: From Agama Hindu Bali to Agama Hindu (1945-1965), *Bijdragen tot de Taal-, Land-, en Volkenkunde* 167 (4) : 482-510.

Powell, Hickman

1982 (1930)   *The Last Paradise: An American's 'discovery' of Bali in the 1920s*, Oxford University Press.

Putra, I Nyoman Darma

2011   *A Literary Mirror: Balinese Reflections on Modernity and Identity in the Twentieth Century*, KITLV Press.

Putra, I Nyoman Darma & Michael Hitchcock

2009   Terrorism and Tourism in Bali and Southeast Asia, in Hitchcock, King & Parnwell (ed.) *Tourism in Southeast Asia: Challenges and New Directions*, pp. 83-98.

Raffles, Thomas Stanford

1988 (1817)   *The History of Jawa*, Complete Text, Oxford University Press.

Ramseyer, Urs

1986 (1977)   *Art and Culture of Bali*, Oxford University Press.

Ramstedt, Martin

2004   Introduction: negotiating identities ―― Indonesia 'Hindus' between local, national, and global interests, in Ramstedt (ed.) *Hinduism in Modern Indonesia: A minority religion between local, national, and global interests*, pp. 1-34, Routledge Curzon.

2009   Regional Autonomy and Its Discontents: The Case of Post-New Order Bali, in Holtzappel & Ramstedt (ed.) *Decentralization and Regional Autonomy in Indonesia: Implementation and Challenges*, pp. 329-379, ISEAS Publishing.

Reuter, Thomas A.

2002   *Custodians of the Sacred Mountains: Culture and Society in the Highlands of Bali*, University of Hawai'i Press.

Rewald, John

2004 (1973)   『印象派の歴史』、三浦篤・坂上桂子訳、角川書店。

Robinson, Geoffrey
　　1995　*The Dark Side of Paradise: Political Violence in Bali*, Cornell University Press.
Rousseau, Jean-Jacques
　　2016（1754）　「人間たちの間の不平等の起源と根拠に関する論文」『人間不
　　　　　平等起源論　付「戦争法原理」』、pp. 9-190、坂倉裕治訳、講談社。
Rudyansjah, Tony
　　1986　The Function of the Parisada Hindu Dharma, *International Workshop on
　　　　　Indonesian Studies* 1: 2-34, KITLV.
Said, Edward
　　1993（1978）　『オリエンタリズム（上）（下)』、板垣雄三・杉田英明監修、
　　　　　今沢紀子訳、平凡社。
坂野　徳隆
　　2004　『バリ、夢色の景色――ヴァルター・シュピース伝』、文遊社。
佐藤　百合
　　2011　『経済大国インドネシア』、中央公論新社。
Scafi, Alessandro
　　2006　*Mapping Paradise: A History of Heaven on Earth*, University of Chicago Press.
Schulte Nordholt, Henk
　　1996　*The Spell of Power: A History of Balinese Politics 1650-1940*, KITLV Press.
　　2000　The Making of Traditional Bali: Colonial Ethnography and Bureaucratic
　　　　　Reproduction, in Pels & Salemink（ed.）*Colonial Subjects: Essays on the
　　　　　Practical History of Anthropology*, pp. 241-281, The University of Michigan
　　　　　Press.
　　2007　*Bali, An Open Fortress 1955-2005: Regional Autonomy, Electoral Democracy and
　　　　　Entrenched Identities*, National University of Singapore Press.
Setia, Putu
　　1994（1986）　『プトゥ・スティアのバリ案内』、鏡味治也・中村潔訳、木犀社。
Setjaja, I Gusti Made
　　1996　Balinese Transmigrates in Lampung: Language Change and Tradition, in
　　　　　Vickers（ed.）*Being Modern in Bali: Image and Change*, pp.212-222, Yale
　　　　　University Southeast Asia Studies.
Shackelfold, George T. M.
　　2009　『ゴーギャン展　「我々はどこから来たのか　我々は何者か　我々はど
　　　　　こへ行くのか」図録』、馬渕明子他訳、名古屋ボストン美術館。
白石　隆
　　1996　『新版　インドネシア』、NTT 出版。

Sklar, Robert
　1995（1975）『アメリカ映画の文化史（上・下）』、鈴木主税訳、講談社。
Spruit, Ruud
　1997（1995）　*Artists on Bali*, The Pepin Press.
Stuart-Fox, David J.
　1992　*Bibliography of Bali: Publications from 1920-1990*, KITLV Press.
　2002　*Pura Besakih: Temple, religion and society of Bali*, KITLV Press.
須藤　健一（編）
　1996　『フィールドワークを歩く――文科系研究者の知識と経験』、嵯峨野書院。
管　洋志
　2001　『バリ島大百科』、TBS ブリタニカ。
鈴木　靖峯
　1999　「大村しげ　バリ島からの旅立ち」、大村しげ『京都・バリ島 車椅子往来』、pp. 262-301。
Swellengrebel, J. L.
　1960　Introduction, in Weltheim et al（ed.）*Bali: Studies in Life, Thought, and Ritual*, pp. 1-76.
高島　淳
　1994　「ヒンドゥー文化としてのバリ」、吉田禎吾（編）『神々の島バリ――バリ＝ヒンドゥーの儀礼と宗教』、pp. 59-70、春秋社。
多木　浩二
　1998　『船がゆく――キャプテン・クック　支配の航跡』、新書館。
竹沢　尚一郎
　2007　『人類学的思考の歴史』、世界思想社。
Tarplee, Susan
　2008　After the bomb in a Balinese Village, in Connell & Rugendyke（ed.）*Tourism at the Grassroots: Villagers and Visitors in the Asia-Pacific*, pp. 148-163, Routledge.
Thomson, Belinda（ed.）
　2010　*Gauguin: Maker of Myth*, Princeton University Press.
Thornton, Lynne
　1994　*The Orientalists: Painter-Travellers*, ACR Edition.
戸川　幸夫
　1984　『戦場への紙碑』、オール出版。

床呂　郁哉（編）
　2015　『人はなぜフィールドに行くのか――フィールドワークへの誘い』、東京外国語大学出版会。
梅田　英春
　2020　『バリ島の影絵人形芝居　ワヤン』、めこん。
Urry, John & Jonas Larsen
　2014（2011）　『観光のまなざし〔増補改訂版〕』、加太宏邦訳、法政大学出版局。
Vickers, Adrian
　2000（1989）　『演出された楽園――バリ島の光と影』、中谷文美訳、新曜社。
　2011　Bali rebuilds its tourist industry, *Bijdragen tot de Taal-, Land-, en Volkenkunde* 167（4）: 459-481.
Wallace, Alfred Russel
　1993（1869）　『マレー諸島（上)』、新妻昭夫訳、筑摩書房。
Warren, Carol
　1993　*Adat and Dinas: Balinese Communities in Indonesian State*, Oxford University Press.
　2009　Off the market?: Elusive links in community-based sustainable development initiatives in Bali, in Carol Warren & John F. McCarthy（ed.）*Community, Environment and Local Governance in Indonesia: Locating the commonweal*, pp. 197-226, Routledge.
渡辺　欣雄（編）
　1982　『親族の社会人類学』、至文堂。
Weber, Max
　1972（1920-1921）　「宗教社会学論集　序言」、『宗教社会学論選』、大塚久雄・生松敬三訳、pp. 3-29、みすず書房。
　1989（1920）　『プロテスタンティズムの倫理と資本主義の精神』、大塚久雄訳、岩波書店。
　1990（1922/1913）　『理解社会学のカテゴリー』、海老原明夫・中野敏男訳、未来社。
Wiener, Margaret
　1995　*Visible and Invisible Realms: Power, Magic, and Colonial Conquest in Bali*, Chicago University Press.
　1999　Making Local History in New Order Bali: Public Culture and the Politics of the West, in Rubinstein & Connor（ed.）*Staying Local in the Global Village: Bali in the Twentieth Century*, pp.51-89, University of Hawai'i Press.
山川　鴻三
　1995　『楽園の文学――エデンを夢見た作家たち』、世界思想社。

山中　達人

1992　『イメージの〈楽園〉──観光ハワイの文化史』、筑摩書房。

1993　『ハワイ』、岩波書店。

2002　「「楽園」幻想の形成と展開──ハワイにおける観光とメディアの結合」、春日直樹（編）『オセアニア・ポストコロニアル』、pp. 143-191、国際書院。

2004　『世界史リブレット 64　ヨーロッパからみた太平洋』、山川出版社。

山下　晋司

1999　『バリ観光人類学のレッスン』、東京大学出版会。

2009　『観光人類学の挑戦──「新しい地球」の生き方』、講談社。

山下　晋司（編）

2005　『文化人類学入門──古典と現代をつなぐ 20 のモデル』、弘文堂。

山下　晋司・福島　真人（編）

2006　『現代人類学のプラクシス──科学技術時代をみる視座』、有斐閣。

横川　公子

2007　『大村しげ　京町家ぐらし』、河出書房新社。

吉田　竹也

1991　「現代バリ宗教の様相論──意味システムの複合性に関する予備的考察」『民族学研究』56-3: 297-307。

1994　「バリの暦とワリゴ」『歴史と構造──文化人類学的考察』22: 19-30。

1998　「現代バリ島の方位認識と象徴分類」『アカデミア』人文・社会科学編 68: 1-19。

1999　「マトゥル・バンタン──バリ島のヒンドゥーの供物と儀礼」『アカデミア』人文・社会科学編 70: 311-345。

2000a　「現代バリ宗教と祈り」『アカデミア』人文・社会科学編 71: 143-167。

2000b　「文化人類学の現状とモダンの諸相」、森部一・水谷俊夫・吉田竹也（編）『文化人類学への誘い』、pp.39-46、みらい。

2000c　「イデオロギーとしての民族概念」、森部一・水谷俊夫・吉田竹也（編）『文化人類学への誘い』、pp. 89-109、みらい。

2001　「はじめに」、森部一（編）『文化人類学を再考する』、pp. 9-17、青弓社。

2003　「民族誌論覚書──20 世紀人類学のパラダイムと民族誌」『アカデミア』人文・社会科学編77: 1-79。

2004　「バリ島ウブドの日本人店舗（2）──爆弾テロ事件以降の出来事をめぐる覚書」『人類学研究所通信』12: 14-25、南山大学人類学研究所。

2005　『バリ宗教と人類学──解釈学的認識の冒険』、風媒社。

2009 「宗教の再選択と経済の選択――バリ島のヒンドゥー・観光・テロ事件」、宮沢千尋（編）『社会変動と宗教の〈再選択〉――ポスト・コロニアル期の人類学的研究』、pp. 33-62、風響社。

2013a 「シミュラークルと沈黙の絵画――バリ島の観光地ウブドの絵画をめぐって」『人類学研究所研究報告』1: 181-200、南山大学人類学研究所。

2013b 『反楽園観光論――バリと沖縄の島嶼をめぐるメモワール』、樹林舎。

2018 『人間・異文化・現代社会の探究――人類文化学ケースブック』、樹林舎。

2019 「安らかならぬ楽園のいまを生きる――日本人ウブド愛好家とそのリキッド・ホーム」『人類学研究所研究論集』7: 68-109。

2020a 『地上の楽園の観光と宗教の合理化――バリそして沖縄の100年の歴史を振り返る』、樹林舎。

2020b 「楽園の宗教と観光と私をつないだ食堂――バリ島の忘れえぬ恩人たちとの出会い」、中尾世治・杉下かおり（編）『生き方としてのフィールドワーク――かくも面倒で面白い文化人類学の世界』、pp. 204-233。

2021 「観光恐慌2020年に関する覚書――観光リスク論の観点から」『アカデミア』人文・自然科学編 21: 297-306。

吉田　禎吾（編）
1992 『バリ島民――祭りと花のコスモロジー』、弘文堂。

吉田　ゆか子
2016a 『バリ島仮面舞踊劇の人類学――人とモノの織りなす芸能』、風響社。

2016b 「レプリカの天女様のゆくえ――バリ島天女の舞トペン・レゴンにおける仮面の複製」『国立民族学博物館研究報告』41（1）: 1-36。

吉原　直樹（編）
2008 『グローバル・ツーリズムの進展と地域コミュニティの変容――バリ島のバンジャールを中心として』、御茶の水書房。

吉原　直樹、イ・マデ・センドラ、イ・マデ・ブディアナ
2009 「バリの日本人」、倉沢愛子・吉原直樹（編）『変わるバリ、変わらないバリ』、pp. 287-301、勉誠出版。

吉原　直樹・今野　裕昭・松本　行真（編）
2016 『海外日本人社会とメディア・ネットワーク――バリ日本人社会を事例として』、東信堂。

吉見　俊哉
1992 『博覧会の政治学――まなざしの近代』、中央公論社。

Zoete, Beryl de & Walter Spies
1938 *Dance and Drama in Bali*, Oxford University Press.

Zurbuchen, Mary Sabina

1987　*The Language of Balinese Shadow Theatre*, Princeton University Press.

Antara Bali > PHDI Bali ajak umat persembahkan "pejati" agar COVID-19 segera hilang

　　https://bali.antaranews.com/berita/192975/phdi-bali-ajak-umat-persembahkan-pejati-agar-covid-19-segera-hilang　（2020 年 5 月 26 日取得）

Bali Express > PHDI-MDA Bali Keluarkan Ketentuan Upacara Selama Pandemi Covid-19

　　https://baliexpress.jawapos.com/read/2020/03/28/185976/phdi-mda-bali-keluarkan-ketentuan-upacara-selama-pandemi-covid-19　（2020 年 5 月 18 日取得）

Chaplin in Bali > Chaplin's Footage

　　https://www.chaplininbali.com/chaplinfootage　（2020 年 4 月 5 日取得）

外務省 > 国・地域 > アジア > インドネシア共和国 > インドネシア基礎データ

　　https://www.mofa.go.jp/mofaj/area/indonesia/data.html　（2020 年 3 月 15 日取得）

Leiden University Libraries Digital Collections > KITLV A782 - De Van der Hagen van de Koninklijke Paketvaart Maatschappij op het strand te Boeleleng

　　http://hdl.handle.net/1887.1/item:691838　（2020 年 5 月 7 日取得）

Leiden University Libraries Digital Collections > KITLV 69944 - De Van der Hagen van de Koninklijke Paketvaart Maatschappij, mogelijk bij Boeleleng

　　http://hdl.handle.net/1887.1/item:709866　（2020 年 5 月 5 日取得）

Leiden University Libraries Digital Collections > KITLV 84944 - Goesti Ngoerah Ketoet Djilantik, radja van Boeleleng

　　http://hdl.handle.net/1887.1/item:740463　（2020 年 5 月 7 日取得）

Leiden University Libraries Digital Collections > KITLV 1401882 - De danser I Rindi （links）danst de legong met de danseressen Ni Tjawan（midden）en Ni Sadri, mogelijk in Kedaton te Denpasar

　　http://hdl.handle.net/1887.1/item:846999　（2020 年 5 月 11 日取得）

Leiden University Libraries Digital Collections > KITLV 36D733 - Het Javaanse dorp op de Wereldtentoonstelling van Parijs uit 1889

　　http://hdl.handle.net/1887.1/item:852043　（2020 年 5 月 10 日取得）

Leiden University Libraries Digital Collections > KITLV 51K3 - Een kluizenarij uit de elfde eeuw op Bali naar een olieverfschilderij van Walter Spies

　　http://hdl.handle.net/1887.1/item:852449　（2020 年 5 月 7 日取得）

Leiden University Libraries Digital Collections > KITLV 1403951 - "Exposition coloniale internationale - Paris 1931324 Pavillon des Pays-Bas - Façade Principale"

　　http://hdl.handle.net/1887.1/item:854103　（2020 年 5 月 7 日取得）

Leiden University Libraries Digital Collections > KITLV A1409 - Danser op Bali

　　http://hdl.handle.net/1887.1/item:904332　（2020 年 5 月 5 日取得）

Leiden University Libraries Digital Collections > KITLV 182833 - Nieuwe controleurswoning te Gianjar

　　http://hdl.handle.net/1887.1/item:904660　（2020 年 5 月 7 日取得）

Leiden University Libraries Digital Collections > KITLV 182868 - Priester te Gianjar

　　http://hdl.handle.net/1887.1/item:907097　（2020 年 5 月 7 日取得）

Leiden University Libraries Digital Collections > KITLV 10107 - Het stoffelijk overschot van de vorst van Badoeng wordt na de zelfmoordstrijd (poepoetan) overgebracht naar de poeri van Denpasar tijdens de zevende Bali-expeditie, gericht tegen de vorst van Badoeng

　　http://hdl.handle.net/1887.1/item:909620　（2020 年 5 月 4 日取得）

Leiden University Libraries Digital Collections > KITLV 10084 - Slachtoffers van de tweede Balinese zelfmoordstrijd (poepoetan) op 20 september 1906 nabij de poeri van het, aan de westzijde van Denpasar, gelegen Pametjoetan tijdens de zevende Bali-expeditie, gericht tegen de vorst van Badoeng

　　http://hdl.handle.net/1887.1/item:911418　（2020 年 5 月 4 日取得）

Leiden University Libraries Digital Collections > Exposition Universelle de 1889. Kampong Javanais. Les Danseuses Or. 27.412 – recto

　　http://hdl.handle.net/1887.1/item:2360884　（2020 年 5 月 8 日取得）

索引

あ

アトモ……………………………… 97

い

一次葬……………… 97, 116, 119, 120
インドネシア通貨危機 …… 139, 163, 170, 177

う

ウク………………… 109, 110, 111
ウブド……… 3, 21, 54, 74, 77, 78, 86, 90, 121, 141, 143, 146, 150, 151, 153, 165, 173, 174, 175, 177, 179, 180, 181, 182, 183, 184, 185, 187, 188

え

エコツーリズム…………… 144, 146
エデンの園…… 34, 35, 36, 37, 71, 72

お

オゴホゴ………………… 111, 176
オダラン……… 92, 101, 103, 109, 111, 114, 115, 116, 117
omniscience…………………… 25

か

開発独裁…………… 139, 140, 146
カギン…………………… 91, 97, 107
下降婚……………………………… 61
カサール………… 80, 81, 98, 99

カジョ……………… 91, 97, 107, 108
カスト……… 4, 17, 57, 58, 59, 60, 61, 62, 68, 69, 90, 91, 100, 103, 119, 123, 124, 125, 126, 130, 131, 133, 135,136, 167
神の島………3, 18, 19, 20, 165, 166, 172, 185
ガムラン……14, 73, 74, 75, 76, 78, 90, 143, 144, 176, 181
カヤンガン・ティゴ… 86, 87, 102, 133
ガルンガン………………… 69, 110
観光者のまなざし………… 78, 80
観光のリスク… 21, 44, 161, 171, 172
慣習村… 58, 61, 85, 86, 87, 88, 89, 90, 91, 93, 108, 156
感情労働…………………………… 45

き

九・三〇事件………………… 139
行政村…………… 58, 83, 85, 88, 89

く

クタ……… 21, 51, 140, 141, 144, 146, 163, 164, 165, 166, 167, 169, 184
クビャール………………… 75, 76
クラウゼ…………… 13, 15, 72, 80
クラウハン…………… 100, 113
グリオ…………… 90, 101, 102
クリス…… 48, 54, 55, 56, 72, 100,118

クルンクン……………… *47, 49, 50, 54*

クワンゲン………………… *118, 120*

け

ケチャッ…………………………… *79*

ゲルゲル…………………… *47, 48, 49*

こ

コヴァルビアス……*13, 14, 15, 16, 17,*
18, 40, 47, 78, 80, 126, 149, 173, 185

皇紀…………………………… *109, 176*

高貴な野蛮人………………… *37, 49*

古典国家……*15, 16, 54, 57, 60, 62, 71,*
79, 92, 109

コルン……………………………… *62, 68*

さ

サイバン………………… *115, 116*

サコ………………………… *109, 111*

サヌール………*53, 100, 127, 138, 140,*
141, 146, 149

サラスワティ…………… *98, 110, 134*

サンヤン・ドゥダリ…… *64, 69, 100*

し

自文化中心主義……… *15, 24, 28, 31*

ジャガトナト大寺院…………… *133*

ジャボ………………… *59, 167, 168*

ジャワォ人……… *167, 168, 169, 186*

「宗教」の発見 ………… *61, 63*

集落……………*58, 61, 85, 86, 87,*
88, 89, 90, 91, 93, 108, 111, 119, 120,
133, 140, 154, 155, 156, 167, 179, 182

シュピース…… *12, 13, 18, 75, 76, 77,*
78, 79, 173, 179, 181, 185

植民地博覧会……………… *38, 73, 74*

新型コロナウイルス…… *44, 168, 170,*
171, 172, 183, 186

シンガラジャ……… *51, 80, 123, 128*

す

スカハ・ゴン………………… *90*

スカルノ…*78, 126, 128, 130, 135, 137,*
138, 139, 140, 171

スバッ…… *87, 89, 90, 91, 93, 108, 111*

スハルト………… *132, 137, 139, 140,*
161, 163

スルヨ……………… *97, 98, 108, 128*

スンバヤン……………………… *105*

せ

世界遺産………………… *145, 146*

世界恐慌………………… *68, 126*

世界の夜明け………… *138, 161, 172*

世界リスク社会… *21, 162, 171, 173, 185*

た

大衆観光時代…*3, 21, 42, 81, 137, 138,*
141, 143, 145, 146, 149, 150, 151, 154

タイトル集団…………… *59, 61, 103*

ち

チャップリン………… *10, 11, 13, 14,*
16, 17, 18, 19, 40, 62, 75, 80, 87, 149,
173, 178, 185, 187

チャナン………… *115, 116, 158, 159*

チャル……… *103, 111, 116, 120, 167, 171,187*

チャロナラン…………… *74, 79, 110*

チャンディダサ………… *141,146,165*

て

デウィ・スリ………………… *72, 98*

デソ・カロ・パトロ……… *84, 188*

デワォ……………………… *97, 99*

デンパサール……*57, 74, 80, 111, 130, 131,133, 135, 164, 178,187*

と

ドア……………………………… *105*

トゥガナン……………… *88, 141, 176*

トゥカン・バンタン…………… *158*

闘鶏…… *12, 21, 99, 108, 109, 113, 116*

トゥハン…………………………… *97*

トリ・サンディオ……… *95, 96, 105, 106, 134, 155*

トリワンソ……………………… *59*

に

二次葬…… *97, 116, 120, 121, 154, 156*

ニュピ… *103, 111, 116, 134, 176, 178, 187*

ぬ

ヌサドゥア……… *140, 141, 142, 146, 178, 184*

は

バウム…………………………… *16, 77*

バタヴィア……………… *40, 48, 65, 66*

パドモサノ……… *91, 97, 108, 133*

バリアゴ………… *50, 88, 141, 176*

バリアン……………… *100, 104, 115*

バリ化…… *17, 57, 67, 68, 69, 73, 135, 150, 157*

パリサド… *4, 132, 133, 134, 135, 136, 154, 155, 156, 170*

ハルス…………… *80, 81, 98, 99, 112*

バロン……… *64, 69, 79, 110, 115, 141*

反科学……………………………… *30*

万国博覧会……………………… *38, 39*

パンチャ・シラ…………… *129, 134*

パンチョ・ヤドニョ………*95, 114, 115, 134*

パンデ……………………… *59, 103*

バンリ……………… *50, 51, 54*

ひ

ピトロ…………………………… *97, 99*

ふ

ブサキ寺院…… *64, 65, 66, 68, 69, 74, 109, 121, 134, 141, 156*

ブタロ…………………………… *97, 99*

プダンド… *59, 87, 100, 101, 102, 103, 104, 116, 118, 119, 120, 134*

ブト・カロ…… *98, 99, 100, 104, 105, 110, 111, 115, 116*

ププタン……53, 54, 55, 56, 60, 71, 72, 74, 187

プリアタン………………… 74, 90, 141

プルゲンバル……………… 112, 113

文化のインヴォリューション…149, 150

へ

ベイトソン………………… 27, 68, 77

ベロ……………… 74, 77, 149, 150, 151

ほ

ポトンギギ………………… 117, 118

ボネ……………………… 77, 78

ボモ……………………………… 108

ま

マクフィー………………… 74, 77

マジャパイト……… 19, 47, 48, 56, 57, 59, 60, 62, 71, 76

マンク……87, 100, 101, 102, 103, 116, 117, 119

マントロ… 69, 95, 102, 104, 133, 134

み

ミード…………………… 27, 77

三浦襄……………… 127, 128

民族誌……2, 3, 13, 24, 26, 27, 28, 31, 77, 96

む

ムスポ………………… 104, 105

ムスリム………… 3, 19, 83, 124, 166, 167, 171

ムプガット………… 84, 115, 119, 120

ムングウィ………………… 50, 52

も

モーエン………………… 66, 74, 75

や

屋敷寺…85, 91, 97, 102, 103, 108, 109, 110, 114, 116, 117, 118, 121, 153

ら

楽園観光地………………… 3, 18, 21, 33, 34, 41, 42, 43, 44, 46, 79, 81, 145, 146, 147, 162, 185, 186

楽園観光地の脆弱性…… 42, 44, 162

ラクササ………………… 80, 81, 98

ラッフルズ………………… 49, 60

ラメ…… 113, 114, 153, 155, 156, 157, 171

り

リーフリンク………………… 61

リフォルマシ………… 139, 161

倫理政策………………… 53

れ

レゴン・ダンス………… 14, 20, 74

ろ

ロヴィナ………… 141, 146, 165

著者略歴

吉田 竹也 (よしだ・たけや)

1963 年、三重県四日市市生まれ。
1994 年、南山大学大学院文学研究科文化人類学専攻博士後期課程満期退学。
2008 年、博士（人間科学、大阪大学）。
現在、南山大学人文学部人類文化学科教授。

おもな著書
『文化人類学を再考する』（共著、青弓社、2001 年）
『バリ宗教と人類学 ——解釈学的認識の冒険』（単著、風媒社、2005 年）
『社会変動と宗教の〈再選択〉——ポスト・コロニアル期の人類学的研究』（共著、風響社、2009 年）
『反楽園観光論 ——バリと沖縄の島嶼をめぐるメモワール——』（単著、樹林舎、2013 年）
『人間・異文化・現代社会の探究——人類文化学ケースブック』（単著、樹林舎、2018 年）
『地上の楽園の観光と宗教の合理化——バリそして沖縄の 100 年の歴史を振り返る』（単著、樹林舎、2020 年）など。

神の島楽園バリ
——文化人類学ケースブック——

2021年7月27日　初版1刷発行

著　　者　吉田竹也

発　　行　樹林舎
　　　　　〒468-0052　名古屋市天白区井口1-1504-102
　　　　　TEL:052-801-3144　　FAX:052-801-3148
　　　　　http://www.jurinsha.com/

発　　売　株式会社人間社
　　　　　〒464-0850　名古屋市千種区今池1-6-13　今池スタービル2F
　　　　　TEL:052-731-2121　　FAX:052-731-2122
　　　　　e-mail:mhh02073@nifty.com

印刷製本　モリモト印刷株式会社